培训师
21项技能修炼 下
精彩课堂呈现

段烨 / 著

图书在版编目（CIP）数据

培训师 21 项技能修炼 . 下，精彩课堂呈现 / 段烨著 . —北京：北京联合出版公司，2014.1（2023.9重印）

ISBN 978-7-5502-2572-5

Ⅰ.①培… Ⅱ.①段… Ⅲ.①企业管理 - 职工培训 Ⅳ.① F272.92

中国版本图书馆 CIP 数据核字（2014）第 003442 号

培训师 21 项技能修炼（下）：精彩课堂呈现

| 作　　者：段　烨
| 出 品 人：赵红仕
| 选题策划：北京博雅广华文化传媒有限公司
| 责任编辑：王　巍
| 特约编辑：梅秋慧
| 封面设计：柏拉图
| 板式设计：柏拉图

北京联合出版公司出版
（北京市西城区德外大街 83 号楼 9 层　100088）
北京时代光华图书有限公司发行
北京晨旭印刷厂印刷　　新华书店经销
字数 245 千字　　787 毫米 ×1092 毫米　　1/16　　16.5 印张
2014 年 1 月第 1 版　　2023 年 9 月第 15 次印刷
ISBN 978-7-5502-2572-5
定价：45.00 元

版权所有，侵权必究

未经书面许可，不得以任何方式转载、复制、翻印本书部分或全部内容。
本书若有质量问题，请与本公司图书销售中心联系调换。电话：010-82894445

目 录

推荐序 / XI
前　言 / XV

第一章　偏向虎山行
——应对紧张的方法和技巧

紧张的常见表现有哪些？如何克服紧张？如何让自己如鱼得水？如何保持最佳状态？

一、讲台上紧张的表现 / 3

1. 讲台上紧张的典型案例 / 3
2. 讲台上紧张的几种表现 / 4

二、引起紧张的原因分析 / 5

1. 紧张的管理学原理 / 5
2. 紧张的来源 / 6
3. 正确地认识紧张 / 6

三、应对紧张的原则和方法 / 8

1. 应对紧张的3个原则 / 8
2. 应对紧张的11种方法 / 8

— I —

四、关于讲台上紧张的答疑及工具 / 12

    1. 关于讲台上紧张的4个疑问 / 12

    2. 关于讲台上克服紧张的工具 / 14

第二章　先入为主
——塑造专业形象的方法和技巧

如何让自己在台上一鸣惊人？如何塑造专业的讲台形象？如何提升你的魅力？如何体现你作为培训师的专业水准？如何尽快获得学员的认同？

一、形象不专业的表现 / 19

    1. 形象不专业的典型案例 / 19

    2. 形象不专业的5个表现 / 20

二、塑造良好专业形象的管理学原理和作用 / 23

    1. 塑造良好专业形象的管理学原理 / 23

    2. 塑造良好专业形象的4个作用 / 24

三、塑造专业形象的原则和方法 / 24

    1. 塑造专业形象的5个原则 / 24

    2. 塑造专业形象的两个方法 / 27

    3. 教具演示中的注意事项 / 29

四、关于专业形象的答疑及工具 / 30

    1. 关于专业形象的6个疑问 / 30

    2. 关于专业形象的工具 / 33

第三章 激情燃烧
——精彩互动的原则和方法

如何调动学员的积极性？如何让学员积极参与？如何营造良好的现场气氛？如何避免唱独角戏？

一、现场气氛不佳的表现 / 39
1. 现场气氛不佳的典型案例 / 39
2. 现场缺乏互动的几种表现 / 40

二、现场互动的管理学原理和作用 / 41
1. 现场互动的管理学原理 / 41
2. 现场互动的作用 / 42

三、营造良好气氛的原则和方法 / 42
1. 营造良好气氛的三大原则 / 43
2. 营造良好气氛的3个方法 / 43
3. 魅力互动的13个方法 / 48

四、关于现场互动的答疑及工具 / 62
1. 关于现场互动的疑问 / 62
2. 关于现场互动的工具 / 62

第四章 灵活应变
——现场控制的方法和技巧

如何避免场面混乱？如何保证培训的顺利进行？如何有效应对各种课堂挑战？如何保证一切尽在掌握中？

一、现场失控的表现 / 67

    1. 现场失控的典型案例 / 67

    2. 现场失控的常见场景 / 68

二、控场的管理学原理和失控的原因 / 69

    1. 控场的管理学原理 / 69

    2. 场面失控的6种原因 / 69

三、合理控场的原则和方法 / 72

    1. 有效控场的3个原则 / 72

    2. 高效控场的8个方法 / 73

    3. 提升控场技能的4个方法 / 79

四、关于控场的答疑及工具 / 81

    1. 关于控场的3个疑问 / 81

    2. 关于高效控场的工具 / 82

第五章 迎刃而解
——处理问题的专业技巧

如何设计问题？如何提出问题？如何回答疑问？如何面对专业质疑？如何处理高手的挑战？如何应对故意找茬？如何掌握回答问题的主动权？如何解决各种意想不到的问题？

一、处理问题不当的常见表现 / 85

    1. 处理问题不当的典型案例 / 85

    2. 处理问题不当的典型表现 / 86

二、处理问题的管理学原理和作用 / 87

    1. 处理问题的管理学原理 / 87

2. 处理问题的作用 / 88

三、处理问题的原则和设计问题的方法 / 88

1. 处理问题的3个原则 / 88

2. 设计问题的类型和方法 / 89

3. 回答问题的原则和流程 / 92

4. 如何应对各种麻烦问题 / 95

四、关于问题处理的答疑及工具 / 100

1. 关于问题处理的3个疑问 / 100

2. 关于回答问题的工具 / 101

第六章 铿锵有力
——语言表达的提升方法

如何让语言更具有魅力？如何让讲话充满力量？如何促使学员立即行动？

一、语言表达欠佳的几个表现 / 105

1. 语言表达欠佳的典型案例 / 105

2. 语言表达经常出现的问题 / 106

二、语言表达的管理学原理和作用 / 107

1. 语言表达的管理学原理 / 107

2. 语言表达在培训中的作用 / 108

三、语言表达的3个原则和8项注意 / 108

1. 语言表达的3个原则 / 108

2. 语言表达的8项注意 / 110

四、提升语言表达能力的方法 / 124

    1. 化繁为简 / 124

    2. 借助雄辩的力量 / 126

    3. 运用修辞手法的力量 / 129

五、关于语言表达的答疑及工具 / 135

    1. 关于语言表达的疑问 / 135

    2. 关于语言表达的工具 / 135

第七章　魅力展示
——发音的专业训练方法

如何把精心组织的内容完美地表达出来？如何让你的思想真正深入人心？如何正确地运气？如何让听众真正产生共鸣？如何避免喉咙沙哑？

一、声音不佳的表现 / 141

    1. 声音不佳的典型案例 / 141

    2. 声音不佳的表现 / 142

二、关于声音的管理学原理和作用 / 142

    1. 声音表达的管理学原理 / 142

    2. 优美声音的作用 / 143

三、悦耳声音的发音训练 / 143

    1. 悦耳声音的四大原则 / 143

    2. 培训对声音的要求 / 143

四、关于声音的答疑及工具 / 150

    1. 关于声音的疑问 / 150

2. 训练声音的工具 / 151

第八章 讲台风范
——身体语言的规范表达

如何正确运用身体语言？讲台上的坐、立、走姿的专业化要求是什么？如何塑造良好的讲台风范？

一、讲台上身体语言的错误表现 / 157

1. 身体语言不当的典型案例 / 157
2. 身体语言的错误表现 / 158

二、关于身体语言的管理学原理和作用 / 158

1. 关于身体语言的管理学原理 / 158
2. 身体语言的作用 / 159

三、标准化的讲台风范 / 160

1. 正确运用身体语言的4个原则 / 160
2. 规范的身体语言的整体要求 / 160
3. 专业化的眼神训练方法 / 162
4. 表情的训练 / 167
5. 手势语言的训练 / 168

四、关于身体语言的答疑及工具 / 169

1. 关于身体语言的5个疑问 / 169
2. 关于身体语言的工具 / 170

第九章　形式多样
——培训模式的选择与运用

培训到底具有什么功能？如何掌握各种培训模式的特点？如何选择最佳的培训模式？

一、错误运用培训模式的表现 / 175

1. 培训模式不当的典型案例 / 175
2. 选择培训模式中常见的问题 / 176

二、关于培训模式的管理学原理和作用 / 177

1. 培训模式的管理学原理 / 177
2. 培训模式的作用 / 178

三、常用的10种培训模式 / 178

1. 课堂讲授法 / 178
2. 演讲法 / 179
3. 案例教学法 / 179
4. 角色扮演法 / 183
5. 道具教学法 / 184
6. 游戏活动法 / 184
7. 小组竞争法 / 185
8. 情景训练法 / 186
9. 情境高尔夫 / 187
10. 行动学习 / 189

四、关于培训模式的答疑及工具 / 189

1. 关于培训模式的5个疑问 / 189
2. 关于培训模式的工具 / 192

第十章　坚实保障
——培训管理的方法和工具

如何顺利地组织培训？如何设计科学的培训流程？如何做好培训的辅助工作？如何做好后勤保障工作？如何衡量培训的实际效果？

一、缺乏科学的培训管理的表现 / 197

1. 培训管理不当的典型案例 / 197
2. 培训管理不到位的四大表现 / 200

二、培训管理的管理学原理和作用 / 200

1. 培训管理的管理学原理 / 200
2. 培训管理的作用 / 201

三、培训现场的辅助设施注意事项 / 201

1. 教室的选择 / 201
2. 课桌的摆放 / 203
3. 讲台的摆放 / 203
4. 投影仪的使用 / 204
5. 白板摆放位置 / 205

四、培训过程管理 / 205

1. 培训师的物品准备 / 205
2. 主持人和助教的辅助工作 / 206
3. 关于培训管理的两个疑问 / 208

附一　助教如何做好培训现场管理——以SMTP课程为例 / 209

附二　新助教常犯的错误 / 217

附三　内训实施常用物料清单 / 219

第十一章 科学评价
——培训效果的评估方法

如何衡量培训的实际效果?如何评估培训产生的真正作用?如何将培训评估纳入培训流程?

一、关于培训满意度 / 223

二、培训评估的常见误区 / 224
    1. 没有评估 / 224
    2. 错误评估 / 225

三、柯氏四级评估 / 225
    1. 第一级:反应评估 / 225
    2. 第二级:学习评估 / 227
    3. 第三级:行为评估 / 228
    4. 第四级:结果评估 / 230

四、关于培训评估的工具 / 231

后记 / 235

参考文献 / 239

推荐序

　　认识段烨老师是缘于他写的一本书——《培训师的21项技能修炼》。当时，我刚给一家企业做了相关的培训项目，客户希望能推荐一本有助于本企业内部讲师提升专业水平的参考书。我的脑海中，快速搜索到的信息就是这本书，因为之前我曾学习和阅读过，对此书的第一印象就是结构明晰、专业系统，是一本通俗易懂、令人受益颇多的工具书。有了对作品的了解，自然对作者产生了兴趣。原来，段老师从事培训工作已经有十多年了，而有关企业讲师授课技巧的训练，是他重点研究的课题之一，多年来，为很多企业培训培养了内部讲师和职业培训师。加之段老师是科班出身——中文系毕业，后来又系统学习工商管理，能梳理和创作这样的作品，自然就觉得合乎情理。即便如此，能编撰出层次分明、条理清晰、重点突出的专业参考书籍，依然需要积淀深厚的专业水准和功底。

　　2013年，由段老师挂帅，他所在的格诺威公司联合全国其他的相关机构，在重庆举办了"首届西部人才培养与发展高峰论坛"，取得了圆满成功。据说这个论坛每年都会举行，将成为人才培养与发展的常规活动，为包括培训师在内的管理者提供了很好的学习和成长的平台。

作为本次跨越多个地域的大会主办者，段老师的领导才能得到了充分展现。我作为嘉宾之一，应邀参加本次大会并做了主题演讲。通过多次与段老师的见面和交流，我对他有了更多的了解。谈起培训，谈起对培训行业的看法，我们很多地方不谋而合。

有一次，段老师告诉我，《培训师的21项技能修炼》要升级了，以便为他们全力推行的鹰隼计划提供更好的支持，经过修订和完善，原书分为上下两册，上册为《课程开发》，下册为《精彩课堂呈现》。我敬佩段老师这种不断钻研的精神。我们的脑子常有不少想法，但能真正坚持并付诸实施的人，又有多少呢？几年前，我也曾出版过一本书，名叫《解密三星培训之道》，得到了读者朋友们的认可和好评，后来也想着修订后重新出版，但时常找些借口推脱，迟迟没能去做，想来就惭愧。

我跟格诺威多年合作，每一次合作都非常愉快。格诺威的整个培训管理非常专业，为我的授课提供了良好的辅助工作，让我得以专注于授课。这也缘于他们注重的培训技术。

随着企业对员工培训的高度重视，很多企业在培训师资上采取内外结合的方法，从过去以聘请外部讲师为主，转向兼以培养内部讲师。建立和培养自己的讲师队伍，是众多企业较大的需求。

而对讲师而言，课堂职业化的呈现技巧和自行开发课程的能力，无疑是必修的技能。一方面，讲师在开发课程时，要掌握方法和要领，设计和开发出符合企业和员工需求的课程，以达到既定的课程目标；另一方面，把开发出来的课程，通过有效的授课技巧呈现给学员，这两种能力可谓培训师的双翼，缺一不可。

《培训师的21项技能修炼》修订后，上册详细、清晰地介绍了课程开发的流程、步骤和方法，下册则具体告诉读者如何在学员面前更好地展现自己的职业风采。其中，后者的呈现技巧除了讲师务必要修炼，对职场员工而言，也是需要学习和掌握的主题。因为在日常工作中，我们有很多机会需要在公众面前展示自己，比如开会、竞聘、述职、介绍产品、提出建议、汇报工作等，都要用到演讲和呈现技能。从这个角度讲，"呈现技巧"也为讲师之外的读者提供了很好的参考。此书无论是对初学者还是有授课经验的讲师，无论是兼职还是专职讲师，都是很适用的学习工具。

相比《培训师的21项技能修炼》第一版，升级版的整体内容发生了较大的变化。新书是按照ADDIE的模式进行阐述的。ADDIE是国际通用的课程开发和设计模式，也是很多培训师都在采用的一种模式。新书在很多地方与最初的ADDIE模式有所不同，有很多创新和发展。任何一门学问和技术都不是停滞和封闭的，都是在不断更新和发展的，希望这本全新阐释的ADDIE能给培训师们带来更多的启示。

据了解，本书将成为鹰隼计划的基础教材，是鹰隼计划的重要一部分，希望能够给更多的培训师提供帮助。我也受邀加入鹰隼计划，成为导师团的导师之一，希望更多的培训师加入这个计划，与培训事业一起成长。

最后，感谢段老师的信任和分享，让我先睹为快，从中受益。相信本书能给更多的读者带来启迪和帮助！

三星前培训总监、职业培训师、《解密三星培训之道》作者

张正顺

前 言
基于ADDIE的全新升级

管理大师汤姆·彼得斯在《追求卓越》再版的时候说:"书的再版就像给房子重新装修,不是推倒重来,而是选择性地进行整理。"装修不能改变房子的整体结构,只能在原来的基础之上,采用新的、更高端的材料将陈旧、破损的地方重新整理、涂抹和粉饰。

作为再版中的升级版,更像搭积木,材料还是那些材料,内容还是那些模块,但重新进行组织,最后形成不同的产物。本书就像装修加搭积木,虽然整体上还是那些模块——21项修炼,但整个结构和许多内容都发生了很大变化。

《培训师的21项技能修炼》的整个内容都包含在ADDIE之中,但是最初并没有采用ADDIE这种逻辑顺序,而是按照分类组建式的结构模式,将培训师所拥有的技能按照各个模块进行设计,每一个模块相对是独立的。为什么采用这样的结构呢?主要是因为这本书的定位是"培训师的工具书",希望它能够像字典、词典一样,让读者根据自己的需要,有选择地阅读和运用。之所以如此定位,主要基于以下几个原因:第一,培训的需求越来越大,培训师必须掌握相应的技能。尽管目前市面上有非常多的类似"培训师培训"的培训,以及有关培训技能的优秀书籍，但是都不够完整和全面。因此，市场急需一本读者拿来即用的书籍。第二，当时认为读者群本身有培训技能的基础，他们并不需要完整系统地学习和运用，而仅仅是查漏补缺。同时，现代社会，很少有人能够系统地看完某本书籍，通过模块的方式可以满足读者用碎片时间来学习的需要。

《培训师的21项技能修炼》的出版，很受读者欢迎，其程度超出预期，在不到两年的时间里已经加印了9次，算是同类书籍中一个小小的奇迹。在各个书店，尤其是网上书店，有很多读者的正面评价。这些读者朋友包括企业内部培训师、职业培训师、高校老师、培训爱好者，以及一些从事管理的职场人士。在正面评价的同时，也有读者提出了中肯的意见。同时，通过微信、微博，以及在授课过程中，大家也提出了很多宝贵的意见和建议。整体上，大家希望能够更加全面系统地掌握培训师的基本技能，而不仅仅是查漏补缺。

实际上，我在讲授培训师培训（包括企业内部的培训师培训即TTT，以及职业培训师培训）的过程中，虽然授课的名称是以模块的方式出现，比如鹰隼计划的职业培训师培训班和企业内训师班，通常都是以"培训师的×项修炼"作为标题，但在整个过程中，都是将几项修炼有机联系起来的，整个授课过程和学员的感受很有系统性。但是，《培训师的21项技能修炼》作为图书，尤其是采用这样的模块方式，读者虽然能够单独掌握某个模块，却无法将各个模块有机联系起来。

正是基于以上原因，本书作为《培训师的21项技能修炼》的升级版，在整个结构上采用更具有系统性的ADDIE模式。同时结合ISD教学系统设计模型、金字塔原理以及PRM课程开发模型，做到真正的升级，也可以说是ADDIE模式的全新演绎。这也是本书作为升级版"升级"的体现。

修订之后，我将升级版分为上下两册。原因是：第一，方便携带。很多读者朋友反映第一版"太厚了"，包括我自己，感觉携带不方便，尤其出差的时候，带上这个大部头，很是麻烦。第二，将内容分开，便于读者根据自己的需求有选择性地购买和阅读。如果读者不需要，不用担心被强行购买；同时，有需要的读者，也可以一起购买上下册，这样更加具有整体性。

前 言

ADDIE是培训界公认并广为推崇的一种课程设计及开发模式，也是培训师最常用的课程设计、开发及实施模式。其中，A：analysis——分析；D：design——结构设计；D：development——内容开发；I：implement——实施；E：evaluation——评估。

在传统的ADDIE模式中，主要内容就是课程的整体设计和开发，忽略了授课过程这个环节，这体现了内容为王的课程开发指导思想。尽管有实施这个环节，但强调的是课程实施的流程和管理，对于授课技巧、技能方面，存在不足。我们在培训过程中，发现培训师，尤其是企业内部培训师，往往存在"茶壶煮汤圆，有货倒不出来"的现象。他们虽然有实际工作经验，但由于缺乏专门的呈现技能的训练，无法将内容有效呈现出来。因此，课程呈现技能或者授课技巧，甚至是表达技巧类的课程广受欢迎，甚至很多人理解的TTT，就是"授课技巧"，可见培训师很需要加强授课技巧这个环节。

所以，我在设计培训过程时，将ADDIE的五个步骤变成两部分：第一部分，课堂呈现；第二部分，课程开发。在培训过程中，将ADDIE结合金字塔原理，运用引导技术进行训练，前期做课程设计和开发，后期上台进行课程展示，这样前后形成一个整体，便于学员理解和掌握，取得了很好的效果。鉴于此，作为升级版，在《培训师的21项技能修炼》的基础之上，结合ADDIE模式，将升级后的内容分为上下册两部分。上册讲授课程设计和开发，包括A、D、D三个环节；下册讲授课堂呈现，包括I、E两个环节。

上册：**课程开发**

分析（A）：对教学所要达到的行为目标、任务、受众、环境等进行一系列的分析，包括第一章"性格分析"、第二章"需求调查"。

这两章的内容本身是结合在一起的，在传统的ADDIE中，两者并没有完全分开，甚至淡化"学员的个性分析"这个环节。但是在实际的培训过程中，真正要做到因材施教，就要掌握学员的性格。不光是课程开发，在实施过程中，包括互动、控场、解决问题以及选用培训模式等，都需要运用性格分析。此外，掌握这一点，也有助于培训师塑造自己的独特风格，发挥个性优势，弥补不足，全面提高培训质量。因此，本书将性格分析单独列出来讲述，这也是与传统的ADDIE最大的不同点之一。

结构设计（D）：对课程进行整体设计，主要是指搭建初步的框架。包括第三章"结构设计"、第四章"课程链接"两部分内容。

第三章的结构设计来自于《培训师的21项技能修炼》中的"课程开发"这一章，因为结构设计属于课程开发中的一个环节，所以章名用"结构设计"更加准确。结构设计是整个课程开发的基础，就像一栋建筑物，结构设计就是"整体的一个框架"。而在现实中，设计课程结构往往是培训师面临的最大的问题，或者说是课程开发的瓶颈。由此，本书对这一内容花了更多的篇幅进行阐述，与原书相比有很大改变。如果从升级版的角度讲，本章是最大的升级。

第四章的课程链接，包括设计内容中的链接，以及授课过程中的链接。通过链接，能够将课程有机地连接成一个整体。

内容开发（D）：这是本书的重点，包括：第五章"课程导入"、第六章"案例组织"、第七章"重点内容"、第八章"结尾设计"、第九章"精彩设计"、第十章"PPT制作"。

作为升级的体现，第六章增加了"案例加工"这个环节，这项内容培训师需求很大，将案例进行加工，做到"源于生活，又高于生活"是培训师的核心技能，也是培训师的一个难题。第七章"重点内容"是原书"时间管理"的升级，将时间管理升级为重点内容的设计，这也是课程开发的重要内容。此外，第九章和第十章也都有很多调整和提升。

另外，本书增添附录"成长之道——培训师职业生涯规划"，作为上册的补充内容。

整体上看，虽然整个章节变化不大，但是很多内容做了调整和提升，与原书相比更加完善，同时按照ADDIE进行，更具有系统性。

下册：精彩课堂呈现

实施（I）：对开发的课程实施教学，同时提供相应的支持。本书核心内容是将课程内容在课堂上精彩地呈现出来，其中包括：第一章"克服紧张"、第二章"专业形象"、第三章"精彩互动"、第四章"现场控制"、第五章"问题处理"、第六章"语言表达"、第七章"发音技巧"、第八章"身体语言"、第九章"培训模式"、第十章"培训管理"。

在实施这个环节，新书中有三点变化最大：第一，各个章节有机衔接，形成一个整体；第二，案例更新，采用了很多新的案例；第三，将部分章节的内容做相应调整，增加了更多可操作的方法和工具。

评估（E）：对已经完成的教学课程及受众学习效果进行评估，内容主要集中在第十一章"培训评估"。

下册变化最大的有三章：一是第九章，增加了各种培训模式的相关内容，其中对于需求最大的案例教学法进行了详细介绍，并提供相应的方法和工具；二是第十章，增加了关于培训管理的各种具体方法，尤其是增加了一个培训管理的完整案例，包括相关的方法、技巧和工具；三是第十一章，从原书"培训管理"中独立出来，形成一个新的章节，使全书整体上更加系统和完整，完全按照ADDIE模式进行。同时，强化培训效果的评估也是行业的发展方向，因此将该部分内容单独列为一章，并且采用新的阐述方式，直接提供最常见的培训评估模式，便于读者借鉴。

整体上讲，上下册两本书的"升级"体现在以下四个方面：

第一，结构变化。按照ADDIE的结构重新组织，内容更具有结构化和逻辑性，便于读者实操。

第二，新增案例。原书自2011年1月出版以来，我所有授课均采用这种方式，取得了良好的效果，同时收集了大量案例。尤其是在鹰隼计划的开展中，收集了大量新的典型案例。作为升级版，书中更新了很多案例。

第三，内容更加深入。在《培训师的21项技能修炼》的反馈中，其中一部分读者认为"浅显易懂，但不够深入"。因此，升级版的某些模块内容更加深入，更具有实操性。

这些内容尤其体现在上册"课程开发"中。与原书相比，上册有40%左右进行了调整，尤其是本人一直推崇的"内容为王"的价值观。在我看来，作为培训师，最重要的还是内容，直接体现就是课程开发。课程开发做好了，内容真正到家了，即使在呈现方式上有些不足，也是可以理解的。如果呈现的方法和技巧不够，很快就可以学会和掌握，但内容上有欠缺，却不是一时可以提升起来的。因此,在讲课中,我一直推崇"内容为王",如果没有内容,只采用某些技巧,只能叫作"伎俩"。

第四,"教材"工具性加强。除了内容更具有操作性之外,每一章节还增加了本章小结,包括学习要点和课后作业两块内容。这样有利于读者将书中内容和自己的实际情况相结合,发挥书的更大功效。

总之,无论是整体内容还是结构设计,本书都真正做到了升级,也希望本书有助于读者的培训能力升级。

《培训师的21项技能修炼》在前言中曾提到,阅读就像旅行。而阅读所谓的升级版,就是故地重游,风景还是那些风景,但每个游客看到的、感受到的都不一样,无论怎么样,希望读者不虚此行。

正如汤姆·彼得斯所说的,再版是装修。而装修是门遗憾的艺术,每次装修都有很遗憾的地方。但是装修又不能完全像搭积木一样,可以随时推倒重来,只能将遗憾留到下一次弥补。

所以,每一次的改变都意味着自我挑战,每一次的更新都是自我否定,每一次的升级都是自我超越,每一次的超越都意味着风险,但是无论风险多大,都永不停止。

现在,只是一个新的开始。

那就重新出发吧!

培训师 21 项技能修炼
精彩课堂呈现

第一章 | 偏向虎山行
应对紧张的方法和技巧

ADDIE小贴士

　　ADD完成课程的设计和开发,接下来就需要将开发的课程进行展示,即正式授课,就是I。"台上一分钟,台下十年功",有了这个十年功,才有台上精彩的展示。正式上台之前,首先要打掉心智的拦路虎——克服紧张。课程开发是基础,有了良好的课程,也就有了底气。在这个基础之上,面对紧张,记住两句话:我的地盘我做主;我是老师我怕谁!

一、讲台上紧张的表现

1. 讲台上紧张的典型案例

情景描述

在某高校的会议室,"学生素质教育委员会"的成立大会即将举行。这是该校响应国家和教育部号召而成立的,旨在提高大学生文化素质,是全省第一家这样的学生组织。当学校领导先后发表完讲话,主持人宣布"现在有请第一任主席上台讲话"时,只见一个清瘦的小伙子急匆匆地走上前去,正要讲话,双手在兜里乱摸,摸遍了所有衣兜,还是没有找到那要命的几张纸。刚才还在看,怎么就没有了呢?台下的观众都看到了这一幕,领导开始皱起了眉头。

怎么办?随便讲点吧。可是此时头脑一片空白,一个词都想不起来。小伙子全身开始热了起来,脸开始泛红,慢慢地再由红变白。

这时掌声响起来了。是让他继续站在这里,还是让他下去呢?

一个声音在底下响起:"随便讲几句吧。"

这时他终于挤出几个字:"对不起,我的稿子丢了。我很感谢大家。"然后匆匆地下台。

精心准备的成立大会就这样结束了。

学校领导临走前扔下一句话:"这个小伙子做事可以,但是讲话不行。"

这样的场景是不是很熟悉?也许就发生在你的身边,也许当事人就是你自己。这就是紧张的典型表现。

2. 讲台上紧张的几种表现

- 双腿发抖：双腿不由自主地抖，心也跟着抖。
- 手足无措：台下没感觉怎样，可到了台上，突然感觉双手多余，不知道放在什么地方。
- 眼神游离：没有专注的目标，想看东西，但是又不知道到底该看什么。
- 口干舌燥：嘴里非常干燥，舌头僵硬，吞咽动作很难完成。
- 心跳加快：自己都能听到自己的心跳，担心心脏会突然蹦出来。
- 面部僵硬：保持一个固化的表情，面部肌肉僵硬。
- 面红耳赤：面露潮红。
- 虚汗频出：手掌心和后背流汗。
- 四肢抖动：手和脚控制不住地抖动。
- 头脑空白：脑袋里一片空白，什么都没有。
- 思维短路：精心准备的内容突然间没了，停在一个地方，不断重复上文，就是想不起下文。
- 盼望结束：心里只有一个念头，就是盼着赶紧结束。

如果表现仅仅在 5 项以内，说明比较正常，紧张是人的正常心理反应。如果表现超过 5 项，就不是紧张而是恐惧了。作为培训师，你首先要克服的就是讲台恐惧症。

在 TTT 培训中，我还遇到或听到过更多紧张的表现，包括：

- 想上洗手间：本来没啥感觉，突然内急，想去洗手间，去了又没有反应。
- 肚子疼：有个学员讲，只要一上台，就会突然感觉肚子疼。
- 晕倒：这是最恐怖的紧张表现，目前我只是听说，还没有真正遇到过。

二、引起紧张的原因分析

1. 紧张的管理学原理

上台紧张是很多人都存在的一个问题。为什么会紧张呢？心理学分析，人们的紧张有两个重要原因：一是对过去的痛苦回忆，二是对于未来未知的恐惧。

（1）条件反射原理

也就是常说的"一朝被蛇咬，十年怕井绳"。由于曾经在某次培训中经历过一些不好的事情，以后每次培训，脑海里都会重现这样的状况，导致未上先怯，产生紧张。

在TTT培训中，学员大多数是属于这种状况。

（2）墨菲定律

也称"墨菲法则"，是指：你担心会发生什么不好的事情，它一定会发生，而且比想象的更糟糕。这也就是常说的"怕什么来什么"。你担心上台紧张，结果真的紧张；你担心忘词，结果一句话说不出来；你担心会被学员嘲笑，结果真的被嘲笑。

这是一种消极的心理暗示，大家都熟知的"我叫不紧张"的笑话说的就是这个道理。

一个演讲者即将上台，感到很紧张，不知道怎么克服，他旁边的一个"资深人士"告诉他："你要学会心理暗示，告诉自己'不紧张'。多念几遍，直到习惯了，你就不紧张了。"于是这个演讲者就采用这个秘诀，嘴里一边念着"不紧张""不紧张"，一边走上台说："各位来宾，大家好，我叫'不紧张'。"

在现实中，真正自我介绍为"我叫不紧张"的基本没有。倒是我在TTT培训中遇到了这么一个案例：

有一次，我给武汉千里马汽车公司做培训。在正式开始之前，我将要讲的"企业培训师的十项修炼"做了一个简单的介绍，然后请学员上台发言，要求有三点：第一，做自我介绍；第二，告诉大家自己来自什么部门；第三，说出自己最需要的三个技能。目的是看看他们目前的水平和状况，同时也是做需求调查。大家都先后上台发言，结果真有一位学员闹了笑话："各位同事，大家好。我叫'千里马'。我来自……"

2. 紧张的来源

到底是紧张什么呢？究竟是什么样的因素让我们紧张呢？每次TTT培训问到这个问题时，答案五花八门，归纳起来，紧张的来源其实只有三类：

（1）担心自己的表现

由于对自己的专业、经历、能力以及培训技巧缺乏信心，加上曾经有过的痛苦经历，总是担心自己出问题，因此紧张。

（2）担心学员的反应

担心学员不配合或者捣乱，尤其是当台下的学员中有比自己职务高的领导或者专业强过自己的前辈、同事的时候，就更紧张了。

（3）担心出现意外

产生这样的担心是因为曾经出现过这样的状况，当时的尴尬场面给自己留下深刻的印象，挥之不去，导致"杯弓蛇影"。这其实也是经验不足造成的。

3. 正确地认识紧张

在TTT课程中，我每次讲到这个环节的时候，问学员"你们上台紧张不紧张"，得到的回答都是肯定的。大家都认为紧张是错误的，是不应该的。那么到底该不该紧张呢？看看下面这个故事：

第一章 | 偏向虎山行
应对紧张的方法和技巧

香港有种博彩游戏，就是买马。假如大家看好7号马，就会买7号马，希望它能赢。到了比赛现场，大家就一起喊："7号！……7号！……"声音越大，马就会跑得越快。

有好事者想，既然马听到叫它的号码会很兴奋，跑得更快，那么如果是一头驴呢？于是这个好事者买了一头驴，也编为"7号"。到了比赛现场，买了"7号"驴子的人一起大声喊："7号！……7号！"原以为驴听到叫它的号码会很兴奋，没有想到的是，这头驴自顾自地待在那里，抬起头向周围兴奋的人群报以一声驴叫。为什么？因为驴不懂得紧张。

紧张是人的一种正常的身体和心理反应。保持适度的紧张，会让你更加投入，表现得更好。

几年以前，我在某美资咨询机构系统学习培训技术。有一次，他们让我给美国的老师当主持，能够得到这样的锻炼机会可谓千载难逢，于是我做了精心的准备。本来上台只需要讲几分钟，可是我准备了差不多3个月，当天状态非常好，也非常顺利，当我推崇的主讲老师上台后，我走下讲台，突然感觉腹部剧痛。当时我以为是饮食原因，考虑到还有下半部分的主持，只是喝了一些水，慢慢地感觉不疼了，后来重新上台，并顺利主持了剩下的内容。那一次是我真正意义上的成功演讲，对我是一个极大的考验和提升，从此以后我就爱上了讲台，开始了正式的培训生涯。

多年以后，有一次在广州讲TTT的时候，问到学员"你紧张时有什么感受"，其中一个学员说："我紧张的时候肚子疼。"我突然明白了，我那次肚子疼原来是因为紧张，只不过当时我自己不知道。现在想起来，如果当时我知道是因为紧张的话，也许就不敢上台了，从此就与培训行业分道扬镳了。看来，"无知者无畏"有时是有道理的。

从那以后，我上台再也没有"被动"紧张过，相反，每次上台都要酝酿情绪，让自己紧张、兴奋起来。适当的紧张是应该的，但如果是过度的紧张，就应该好好应对了。

三、应对紧张的原则和方法

如果没有掌握正确的方法,不仅无法缓解紧张,相反还会加剧紧张,弄巧成拙。那么到底该如何应对紧张呢?

1. 应对紧张的3个原则

紧张是正常的,而且更多时候需要紧张。因为紧张会促使人产生一种积极的荷尔蒙,让你更兴奋、更投入。所以,要欢迎紧张。

紧张是只纸老虎,只要掌握正确的方法,就可以战胜它。

克服紧张,根本在于拥有积极的心态,要相信和期望自己可以做好,并且赋予积极的心理暗示。

2. 应对紧张的11种方法

(1) 心理暗示法

用积极的心态迎接紧张。当你感觉自己很紧张的时候,不要告诉自己"糟了,又紧张了",相反,你要告诉自己"太棒了,我终于紧张了,今天我一定会发挥得很好",然后在心里大喊:"让紧张来得更猛烈些吧!"如果有个无人的角落,大声地喊出来最好。

(2) 情境假设法

当你感觉紧张的时候,闭上双眼,在脑海里想象某种场景:当你上台的时候,你听到很多掌声,所有的学员都在叫你的名字,都在热烈地欢迎你,他们都是你忠实的粉丝,他们都期盼你的到来……直到给你带来积极的力量。

(3) 启动心锚法

这里所谓的"心锚"就是心里的引爆点,一旦点燃,你就会非常兴奋,非常有激情,会让你有最好的状态。"心锚"可以是一个场景、一段让你难忘的语言、一个故事、某个影视片段或者某段歌曲,或者你经历的某件事情、某项比赛获得冠军、获得的某次奖励,或者是收到第一封情书等。只要是让你很兴奋、很有成就感、给你带来自信与力量的事情,都可以设计为你的"心锚"。

启动方法:每次讲课前,找个安静的角落,闭上双眼,心里默默地冥想这个场景,直到这个场景给你力量。这个时候就是最佳状态。

(4) 自我欺骗法

在心里告诉自己,这个主题我研究了很久,做了充分准备,在这个领域我就是专家、我就是权威、我就是最厉害的。这时千万不要去想那些自己不熟悉的内容,千万不要去怀疑和否定自己的某些观点。不要自责"书到用时方恨少",此时需要的是信心,而不是自我反省,反省是培训结束后的事情。这时候反省不足已经来不及,不如自我欺骗。

(5) 深呼吸法

这个方法很多人都会采用,需要指出的是,很多人不会正确地呼吸。

每次讲到这个环节,我问学员"你会呼吸吗",常常会引来学员的一阵嘲笑:"不会呼吸?我活了这么大岁数,还不会呼吸?"是的,活着的人都会呼吸,但是不一定都懂得正确呼吸。关于呼吸,本书会在"魅力展示"部分详细介绍。

(6) 身体活动法

紧张会导致人肢体和面部僵硬,因此在上台前可以做些伸展运动,让全身完全放松,必要时可以用手轻轻拍打自己的面部,或者对着镜子微笑甚至做鬼脸。据说著名的演讲大师金克拉先生每次演讲前,都要从楼上到楼下跑几个来回。这些都是让身体放松的方法。

身体活动法的原理在于:第一是压力转移,当你把注意力连同压力转移到身体上的时候,你精神上的压力就减少了,紧张感自然就减少了;第二是互动兴奋,做活动后会让身体很兴奋,这种兴奋带有积极的信号,会让精神也兴奋起来。

其实紧张也是一种兴奋，只不过是消极的兴奋，我们要将消极的兴奋转为积极的兴奋。

以上6种方法主要适合正式登台前在台下运用，通常只要正确运用其中几种，紧张感就会减轻。如果在培训过程中出现紧张感，就可以采用以下几个方法：

(7) 巧妙掩饰法

很多优秀的企业家、政治家总是能侃侃而谈，魅力四射，其实这没有什么大不了，他们的幕后有一个专业团队在为其服务。再看看他们的演讲现场，总会有一个半高的演讲台，而且他们往往会一直站在里面讲，不会走出来，为什么呢？因为他们的脚在发抖。是的，他们在紧张，因此，他们只有躲在演讲台的后面来掩饰紧张。

设置一个演讲台，这样既显得正式，把你烘托出来，提高你的地位，同时又能将你正在发抖的双腿挡住。这个时候如果你的手在抖，你可以将手轻轻地搁在演讲台上。记住是"搁"，不是"压"，更不是"抓"。否则，庞大的演讲台会和你一起有节奏地抖动。当确保自己的脚没有发抖时，你可以潇洒地走出来，让所有人看到你没有发抖。

没有演讲台怎么办？可以立即设计。将一张课桌倒过来，铺上漂亮的桌布，就可以当演讲台。

如果你手里拿着演讲稿，记住，一定不要是薄薄的几张，否则，当你紧张的时候，你手里的纸会"哗哗"地响起来，如果此时你再想用力压住，越用力，纸张的声音会越响亮。你应该把演讲稿夹在一个硬皮夹里，既文雅，又能防止纸张抖动。

(8) 目中无人法

在讲台上，你应该根据场合使用各种不同的眼神。上台的时候，自顾自地把准备好的开场白一股脑地按照自己的方式发放出去，不要太多地关注学员。目中无人，你就看不到学员的反应，从而减少紧张。当你念完开场白的时候，你会发现，原来自己这么棒。

（9）专注主题法

产生紧张的一个很重要的原因是"自作多情",自己想多了。以为学员会挑战你,以为学员不配合,其实是你自作多情。当你专注于自己的主题,认真、全力以赴地授课的时候,你会得到学员的支持和理解。记住,你和学员是伙伴关系,不是敌我关系,没有哪个学员是想主动找茬的。

（10）压力转移法

产生紧张的另一个原因是"压力"。如果你能巧妙地将压力转移给学员,那么紧张的就不是你,而是学员了。

比如你所讲授的是关于提高产品质量的主题,上台后你就可以这样开场:"各位学员,有谁能告诉我质量第一的真正含义？质量对于一个想长远发展的企业到底意味着什么呢？哪位学员愿意回答？"这样一连发3个问题,学员就开始紧张了,谁敢挑战你？等你控制场面后,再慢慢地进入主题。这就涉及"开场白"和"控场"的话题。关于"控场",具体内容详见本书第四章。至于"开场白",《培训师21项技能修炼——课程开发》一书有详细讲解。

（11）持续训练法

持续训练是最根本的方法,所谓"台上一分钟,台下十年功",培训师必须进行持续的训练。

克服紧张最好的方法就是经常做让你紧张的事情。做得多了,就不会紧张了。

在TTT培训中,每次做需求调查,学员都会提到"紧张",但是很多时候,培训并没有专门设计"克服紧张"这一项,而是让学员在实际的演练中,不知不觉地慢慢克服,效果很好。

在鹰隼训练班,学员在两天的集训中,每一个环节都需要通过严格的考核,尤其是最后的整体考核,运用"压力测试"法,对于各项指标都有严格的考核要求,通过录像的方式进行。很多学员,包括授课经验丰富的职业培训师都感觉到压力很大,导致"发挥失常"。但是,经过这样的"压力测试"过后，在以后的正式培训中，学员就会"超常发挥"。

四、关于讲台上紧张的答疑及工具

1. 关于讲台上紧张的 4 个疑问

疑问 1：上面提供了各种方法，到底用什么方法呢？如果我平时做了充分的准备，到了现场还是紧张，我该怎么办？我也用了心理暗示法、深呼吸法，可还是紧张，该怎么办？

那就记住两句话：

第一句："我的地盘我做主。"这是你的地盘，讲什么内容，该怎么讲，讲多少，都由你决定。无论台下坐着的是多么优秀的人，也许是你的领导，也许是你的长辈，也许是学历比你高、经验比你足的人，但是，请记住，你是老师，这是你的地盘，你可以做主，这是由规则决定的。也许其他场合你是无法做主的，但只要你站在台上，你就是老师，你就可以做主。

如果你觉得还不够，那就送你第二句："我是老师我怕谁。"你是老师，台下只是你的学生，你怕什么呢？

疑问 2：我一直想上台演讲，但是我曾经有过被轰下台的经历，不敢再上台了，我该怎么办呢？

那先看看下面这个故事吧。

两个老朋友有三十多年没见过面，见面后聊天，下面是他们的对话。

甲：你现在做什么呢？

乙：打渔，经常出海打渔。

甲：那会有生命危险吧？

乙：是的，我爷爷就死在海上。

甲：哦，太不幸了，你爸爸还好吧？

乙：爸爸也死在海上。

甲：哦。那太可悲了，如果我是你，我就不再出海打渔了。我真庆幸，我的爷爷和父亲都死在家里的床上。

乙：你爷爷和父亲都死在床上？

甲：是的，死在床上。

乙：那太不幸了，如果我是你，我就不会上床睡觉了。

当你每次上床睡觉的时候，就想想这个老掉牙的故事。你还敢上床睡觉吗？如果还敢上床睡觉，为什么就不敢上台演讲呢？

疑问3：我一直想上台演讲，但是我害怕失败，所以一直不敢上。我总觉得自己信心不够，该怎么树立上台的信心呢？

信心有两种，一种是"自信"，一种是"他信"。"自信"是自己由内而外产生出来的一种信心，不受外界影响。"他信"是人基于外界赋予的肯定而获得的一种信心。每个人都有"自信"和"他信"，只不过不同的阶段面对的事物不一样而已。

信心如何产生呢？一种是在失败中产生，对于失败已经很麻木了，也就无所谓了；一种是在成功中产生，一点一点积累。

最开始，你可以讲给自己听，感觉良好后，你可以讲给几个最亲近的人听，事先要获取他们的支持。或者你找几个小朋友做观众，只不过你要付出几支冰激凌的代价。然后你可以给更多一点的人讲，当然你得要求他们做你的"粉丝"，然后一步步地对外讲。

疑问4：我一直想做一个职业培训师，曾经也有这样的机会，但是我害怕讲砸了，该怎么办呢？

很多刚出道的培训师很羡慕那些培训大师，不仅羡慕他们在台上的神采飞扬、众人瞩目，更羡慕其不菲的收入。

忠告：培训从免费开始。因为没有付费，就算讲砸了也没有什么。一旦收费，"拿人钱财，替人消灾"，讲砸了就意味着培训师要"下课"。不知道有多少培训师刚出茅庐就栽在这里，从此一蹶不振。

建议：做100场免费培训后再考虑收费吧。这是必要的投资，也是经验的积累。

2. 关于讲台上克服紧张的工具

工具：上台前的资料清单

> **工具模板**

运用范围：所有培训

目的：整体衡量课程内容的安排

适用对象：培训师、培训主管

上台前的资料清单

内容	没有	有	充分
场地要求			
学员桌椅			
光线情况			
通风状况			
讲师课件			
案例集			
辅助资料			
道具			
学员资料			
投影仪			
电源			
电脑			
指示笔			
白板及白板笔			
培训师个人物品			
其他			

本章小结

1. 学习要点

理解紧张产生的原因,掌握克服紧张的各种方法。

2. 课后作业

分析并检查自己紧张时的表现,找出适合自己的克服紧张的方法。

培训师 21 项技能修炼
精彩课堂呈现

第二章 先入为主
塑造专业形象的方法和技巧

ADDIE小贴士

　　克服了紧张，接下来就需要登台了。良好的专业形象本身就可以给自己增加底气，克服紧张，同时也为培训打下重要的基础。"行家一出手，就知有没有。"作为培训师，你一上台，学员就会对你有一个初步评价，因此，塑造良好的专业形象非常重要。记住，你给学员的第一印象像发射火箭一样重要！为人师表，先从"表"开始吧！

一、形象不专业的表现

1. 形象不专业的典型案例

情景描述

有一次，我去给一家大型连锁超市讲授"情境高尔夫"课程。来机场接我的是该企业商学院的一位活泼型女孩小廖，她见面的第一句话是："段老师，这么年轻呀！"我说："老师就应该很老吗？"她告诉我，看着我一身休闲装，心里很想说："哪里像来授课的老师，分明就是来旅游的呀！"小廖说："我听我们商学院马老师介绍过你，说你课讲得非常好，我就以为年龄比较大。所以我一直在找穿着职业装的老年人，没有想到是你。"我还没来得及回答，她继续说道："段老师，你讲课不会也是穿这样的衣服吧？"我一听乐了，感觉到她话中有话，就问："怎么，你遇到过这样的老师？"没想到，这句话引来她滔滔不绝的故事。

其中一个故事是这样的：

"我们请到一位老师给商学院讲商务礼仪，有一天，这位老师不知道什么原因迟到了。我就带学员做游戏，做了好几个游戏，老师还是没有来，学员等得不耐烦了，我差点控制不住现场了。45分钟后，老师终于来了。我立即去给老师鞠躬，说：'谢谢老师，您终于来了。'我希望这样做能让老师主动给大家道歉，也好安抚学员，控制场面。可没想到，这个老师上台后的第一句居然是：'我今天是故意迟到的，就是要让你们都深刻体会到，有人不讲礼仪是多么让人难受。所以大家都要重视礼仪。'"

"那学员什么反应？"

"学员当时就乱了，马上就要求离开，不参加学习了。后来，我们再也不请这位老师讲课了。"

"哦,就因为老师迟到就不请他了吗?他讲得怎么样?"

"其实,大家觉得这个老师讲得还是可以的,普通话很好,内容也不错。但他讲课时经常骂人,还用手指着学员骂,学员听着都不舒服。所以我们不会再请这个老师讲课了。"

这是一个比较典型的案例,它告诉我们,一个形象不够专业的培训师,就算专业内容没有什么问题,也会给学员留下不好的印象,从而影响自己的职业发展。

2. 形象不专业的5个表现

培训师形象上不够专业,主要体现在以下5个方面:

(1) 着装不专业

有一次,我去参加某机构组织的公益课程,主题是"人力资源管理的本土化"。前面一位姓贾的老师穿着正式的职业装,授课也很风趣,获得了大家的认同。第二位老师上身穿着毛衣,下身穿着休闲裤,摇摇晃晃地走上台,一上去就对着麦克风清理嗓子。这时,开始有学员离场。该培训师张口就说:"刚才前面那位贾专家讲了很多,我觉得讲得挺好,有很多理论性的东西。"他重音强调了"贾专家",暗示大家那位老师是"假专家"。接着,他说:"接下来我要给大家讲实操性的东西,这才是真正对大家有用的东西。"这是在暗示前面那位专家"讲的没有用"。这时,更多的学员离场。该培训师一看,有些着急,就说:"我讲的东西到底有没有用,大家听了才知道。有句话叫'既来之,则安之',你们既然来了,就要好好地学习。人要懂得谦虚。"这时绝大部分学员开始离场,甚至有人起哄。可以想象,这样会获得什么样的培训效果。反正,从那以后,我再也没有见过这位"毛衣"老师出现在讲台上。

（2）攻击同行或者与学员相关的人

一方面是攻击同行，上面这个案例也体现了这一点。暗示别人是"假专家"，这样明显地攻击同行，不仅得不到学员的认同，还会带来反感。

有一个公益讲座，主题是"人才测评"，两位主讲老师先后上台。前一位上台的老师讲道："现在很多人一点骨气都没有，盲目相信老外的东西。老外的东西有什么好？就是再好也不适应咱们中国人。所以我自己开发了一个新的人才测评工具，这是一个划时代的创举，一定会超过那些老外的'舶来品'。要知道，接下来有位老师就要讲来自欧美的人才测评工具……"（他这样直接攻击即将登台的同行，胆量也够大的。）

专业的讨论是交流，观点PK是可以的，但是要看场合，讲台上还是互相推崇为好。如果你不认同对方观点，可以保持沉默。

另一方面是攻击与学员相关的人。

如果台下坐的是老板，培训师就猛烈地攻击员工，让台下的老板感觉，原来企业搞得不好，就是因为员工素质太差。如果知道台下坐的是员工，没有老板，培训师就开始攻击老板，让学员把平时对老板的怨气一股脑发泄出来，并让学员感觉"老板以前骂我，我还真以为是自己有问题，原来是老板自身有问题"。

传播负面信息，无法给人带来积极的力量，不仅得不到学员的认同，还会招致学员的反感。

（3）内容不熟悉

我给一家知名的汽车公司做TTT。一位学员告诉我，他们遇到过一位讲管理的老师，这位老师面前摆放着两台电脑，一台给自己看，一台连着投影仪给学员看。老师看着自己的电脑，一边抬头给大家讲几句，一边操作另一台电脑，有时两个电脑的进度不一样，就会搞得老师手忙脚乱。后来他们终于忍不住要求换老师。

我问学员为什么要换老师，难道就因为用了两台电脑？学员说："是呀，其他老师都是一个电脑，为什么他要这么做？只能说明他对内容不熟悉。自己还不熟悉内容就来给我们讲，岂不是忽悠我们吗？"

（4）举止不专业

①**小动作太多**。不注意自己在讲台上的举止，有多余的小动作，如双手乱摸、东西乱扔、当众吐痰等。

②**场景布置不专业**。一个TTT的学员讲，他曾经参加某某技术的管理类课程培训。那位老师既不用PPT，也不用白板，也不用正式的演讲台，只有一个类似酒吧里的高脚凳，一会儿坐上去，东摇西晃，一会儿跳下来，走到学员中间。看起来非常潇洒，好像也很有"亲和力"，其实给学员的印象很差。

③**演示设备操作不专业**。培训师应该学会操作先进的演示设备，比如PPT、投影仪等。但是尚有很多培训师还在使用旧式的演示设备。包括前面那位用两台电脑的老师，其实可以用"双屏演示"的方式，只需要一台电脑就够了。

（5）语言不专业

有些培训师随意使用一些太过生活化的语言、地方方言或者俚语，学员很难听懂。

还有一些培训师喜欢引用某些低俗的笑话或者"荤段子"。一位学员讲道："有次参加一个销售方面的培训，一位讲销售管理的老师，面对台下一大群女性，台上大秀荤段子。该老师越讲越露骨，甚至请一位女学员上台配合，课程严重缺乏技术含量。"

在《培训师的差异化策略》中，其中一个小节是讲"培训师七大禁忌"，里面就包括了这些内容，感兴趣的读者不妨看看。

二、塑造良好专业形象的管理学原理和作用

1. 塑造良好专业形象的管理学原理

(1) "三三三"法则

第一个"三":三秒钟,培训师给学员留下第一印象只需要三秒钟,在这三秒钟内,学员会对培训师作出初步判断。如果学员接受了培训师,就会接着听培训师的三分钟开场白。第二个"三":三分钟,如果培训师的三分钟开场白能吸引学员,学员就会继续听下去,听培训师讲三个小时、三天、三个月甚至三年。

(2) 首因效应

首因效应就是生活中常讲的"第一印象法则"。人们通常会依据第一印象对对方作出初步的判断。第一印象判断的依据往往是人外在的东西。在培训中,影响第一印象的最重要的就是培训师的讲台形象:着装、举止、表情和语言。

(3) 晕轮效应

也称"光环效应",指人们对事物的判断先是根据看到的某一个点得出自己的看法,然后再根据这个点来判断其他方面,有点类似于"以偏概全"。在培训中运用晕轮效应可以给学员塑造良好的形象,获取学员的认同和信任。

晕轮效应和首因效应都存在正面和负面的作用。培训师在运用这两个原理时,要积极利用其正面的效应,防止负面的效应。

晕轮效应和首因效应比较接近,只不过,首因效应强调的是第一感觉,而晕轮效应则包括更多。根据晕轮效应,就算老师整体上讲得再好,只要有一点没做好,这一点就会被学员无限放大,从而对老师的其他内容作出负面判断。比如前面那位礼仪老师,因为迟到了45分钟,导致学员对他的整个课程作出了负面判断。同样,讲"荤段子"的老师,也是因为语言上

的问题，让学员对其整体形象得出了负面结论。产生晕轮效应，最重要的就是着装、形体、身体语言等外在的印象。

2. 塑造良好专业形象的4个作用

①**体现对学员的尊重**。只有尊重别人，才能赢得尊重；老师尊重学员，学员才会尊重老师。在生活中，"女为悦己者容"；在讲台上，"师为悦己者容"。老师怎么对待学员，学员就怎么对待老师。

②**体现专业性**。对于很多企业内部培训师来说，要想在同事之间赢得信任，让同事把你当"老师"看，除了在专业内容上加强研究，真正体现"能者为师"外，很重要的一个手段就是在形象上下功夫，与其他同事保持适当的"差距"，让同事感觉你有变化，从而接受你作为"老师"。

③**提升自信心**。内训师通常对自己缺乏信心，穿着这套"盔甲"会增加对自己的信心。

④**营造良好的氛围**。老师非常重视职业形象，这会传递给学员积极的信号，获得学员的认同和支持，共同形成一个正式的学习氛围，推动培训的顺利进行。

三、塑造专业形象的原则和方法

1. 塑造专业形象的5个原则

(1) 符合身份

培训师在讲台上的着装和行为举止，一定要符合自己的身份。永远记住自己是老师，为人师表，注意形象，"台下是哥们，台上是师生"。

(2) 符合背景

培训师在台上的行为举止，一定要根据授课场地进行相应的调整。比如，教室如果比较小，培训师就尽量少走动；会场如果人很多，能容纳上百人，讲台也比较大，培训师就要在台上多些走动，而且要走下讲台，走到学员中间，以缩小与大家的距离。

(3) 尊重自己和他人

培训师首先要尊重自己，就是"自重"。人只有先自重，才能获得他人的尊重。培训师只有首先把自己当老师，学员才能把你当老师，如果你自己都不把自己当回事，学员自然也不会把你当回事。

培训师还要尊重学员。这就要求培训师既要在台上保持老师的形象，要把自己当回事，但是也不能太把自己当回事。培训师和学员只有身份上的差别，在人格上是平等的。培训师在台上授课，并不意味着就比学员高人一等。那种在台上随时贬低学员、拿学员开涮的行为，一定会让学员反感，不但不会树立培训师的"权威"，反倒会减少"威信"，因为只有缺乏信心的人才会依靠贬低别人来获取信心。

(4) 传递积极信息

培训师要给人以积极的力量。消极的信息就像垃圾，会带来很多负面的东西。培训现场不是垃圾站，学员花钱、花时间是来学习积极的东西的，不是来收集垃圾的。请记住，"不要把你的垃圾袋带到课堂上"。

10年前，我在一家著名的外资咨询培训集团系统学习咨询培训技术。

有一天，因为家里的一些事情没有处理好，我有点郁闷地去上班。刚进办公室，我的上司就问我："为什么你带个垃圾袋来上班？"我很奇怪，回答说："没有呀，我只带了公文包，出门的时候已经把垃圾袋扔了。""你真的扔了吗？""真的扔了，我刚出家门就扔了。""不，你没有，如果你真扔了，为什么会让大家看出你心情不好？"我恍然大悟，原来是说这件事情。

上司似乎看出了我的心情，就把我叫到他的办公室说："工作和生活要分开，工作不要影响生活，生活也不要影响工作。我知道，这个做起来很难。我想让你明白的是，公司付给你薪水，不是为你处理私人问题的，而是让你为公司做事的。"上司顿了一下，加重语气说："你将来要去为客户做咨询、做培训，那么请你记住，人家付费，不是来请你倒垃圾制造问题的，而是请你解决问题的。"这句话给我很大的震撼。后来每次授课，我总是把自己调整到最好的状态。作为培训师，绝不能因为自己生病或者心情不好就影响授课质量。

（5）推崇别人

推崇学员，推崇组织方，推崇工作人员，推崇国家，推崇社会，推崇时代，推崇你身边的一切。心中有爱，才能表现出爱。越是成功的人越谦虚、低调，越懂得推崇他人。

培训师能够在这个行业生存和发展下来，都不容易，更需要惺惺相惜。

> **情景描述**

有一次，我所在的重庆MBA企业家联合会举办一次高校讲座，主题为"如何提高应聘面试的效果"，对象为即将毕业的高校学生。我和一个非常优秀的企业家史总两人主讲——我讲前面部分，史总讲后面部分。整个讲座比较正式，包括MBA企业家联合会的负责人、高校的领导都要参加。上台前10分钟的时候，史总匆匆赶来，因为出差，他是从机场直接赶过来的。这时大家发现，史总没有穿正式的西服，而我穿的是正装，差距太大。怎么办？让史总换衣服，已经来不及；让我也穿休闲装，也来不及了，只有不系领带，这样显得休闲点，两个主讲老师着装才不至于相差太大。

但是我们进入教室的时候，发现里面已经挤满了人，学生非常热情，过道上都站满了人。面对如此的热情和正式的场合，我突然改变了主意，就在主持人向主任介绍讲座背景和主讲老师情况的时候，我赶紧系好领带，然后非常正式地上台。

当讲到"面试前的着装"时，我讲道："面试前要做好着装的准备，你的着装要符合你的身份，让对方一看就知道你是做什么的。比如我今天的着装，大家一看就知道是培训师，一眼就看出我不是老板。大家很少看到老板穿成这样吧？（掌声和笑声响起）那老板是什么样的着装呢？（台下一阵沉默）今天我就给大家介绍一位老板，一位成功的企业家，这位企业家就是接下来要给大家演讲的史总。（然后我走到史总面前，请史总站起来。）大家请看，这就是真正的企业家的着装。而你去应聘工作，你不是老板，着装是不是应该正式一些呢？"（在大家的掌声和欢呼声中，史总潇洒地向大家致意，也瞬间缓解了他对着装的担心。）

最后，就在我即将结束的时候，我再次推崇史总："我刚才给大家分享的是面试的一些技巧和方法，去找好工作就是去找一个好老板，就应该了解老板对员工的一些要求，由此掌握老板的需求，然后投其所好，才能真正提高面试的成功率。刚才向主任介绍我说是'人力资源方面的专家'，我还真是一个'砖家'，但是这个'砖'不是专业的'专'，而是砖块的'砖'。我就是给大家抛砖的，目的是为大家引玉，这个宝玉在哪里呢？就在我们的史总这里。大家要不要好好地学习？（学生喊"要"！）那好，有句话叫'付出才有回报'，大家的掌声越大，史总给我们的分享就越多。（此时，掌声已经非常热烈地响起来。）让我们用热烈的掌声有请史总。"（在大家的欢呼声和掌声中，史总信心百倍地走上台，开始他的演讲。）

2. 塑造专业形象的两个方法

（1）职业着装

讲台对培训师的着装有严格的要求，具体见以下表格。

内容	男士要求	女士要求	备注
外套	深色	各种颜色	尽量避免太花哨
衬衣	白色，长袖	合适搭配	也可以是浅色
领带	红色基调	丝巾	与企业文化一致的颜色
首饰	最好没有	三件以内	
皮鞋	和外套接近	和外套一致	
袜子	颜色比外套深	和外套一致	

专业服装对于刚开始上台的老师非常重要。鹰隼计划南京班有一位学员高峰，是上海某大型企业的高管，由于他平时习惯穿休闲装，没有带专业服装，所以上台演练也是穿着休闲装，怎么看都是领导在讲话，而不是培训师在上课。在培训的最终考核环节，高峰专程让助理将专业服装从上海送到南京。当他着正装展示的时候，整个感觉就变了，一下子就成了"职业培训师"，取得了很好的效果。

（2）标准的讲台形体

要求1：抬头，挺胸，收腹，目视观众，全身肌肉保持紧张。

注意是"紧张"不是"放松"。一旦放松就会显得松松垮垮，没有生气。身体紧张但是情绪放松，这才是真正的张弛有度。

要求2：立定，双脚要靠近，双脚的距离一定要窄于双肩。不一定是T字步，也不一定是V字步，自然就可以。

要求3：注意手的姿势。

①**手的活动范围**。高不过头，低不过腰。双手不要高过头顶，也不要完全垂直放下去。

②**手的形状**。手指向内弯曲，尽量避免伸直食指，也不要经常握成"拳头"。手臂要保持弯曲，不要伸直，不然会显得僵硬。

要求4：形体要"正"，做到五点一面。

脚后跟、小腿腹、臀部、肩部、后脑勺五个部位要保持在一个平面上。怎么检查？靠墙站立。也许你将来不一定做职业培训师，但是良好的形体会让你一辈子受益。

鹰隼计划班有一位优秀的学员李华老师，专门讲"时尚礼仪"，她提出应该是"九点一面"，五个部位，一共九点。每次上训练班，我就让她给大家讲"培训师的讲台形象"，而且训练"九点靠墙法"，将上述五个部位的九个点紧靠在墙上进行训练。

要求5：注意移动范围。

培训师在台上的活动范围是哪些呢？

①要"定点"。无论讲台有多大，培训师都必须定点，就是要固定站在

某个地方。要有自己的根据地,确定自己的主要活动范围,不要满场跑。你跑动的范围跟你的"品牌"成反比,就好比越是"大牌"的歌星,跑动的范围越小。

在给某省交通投资集团做的TTT的课程中,学员要做实战演练。我就给学员划分了一个活动范围,这个范围就是地板上的一块瓷砖,有60cm×60cm这么大,要求在3分钟开场的时间里,不能走出这个范围。最开始大家不习惯,总是移动,后来所有的学员都一动不动地钉在那里,整体效果明显提高。

②要"**定区**"。培训师的主要活动区域在哪里呢?两个地方:一是讲桌。很多正式的培训都要设置专业的讲桌,这时培训师的主要活动区域应该是在讲桌后面。二是黄金分割点。黄金分割点在接近讲台中间位置的地方,也就是说不在正中间。当然,如果讲桌刚好在黄金分割点上就太棒了,可惜很多时候不是这样的。

③要"**移动**"。培训师定点,并不是指要稳如泰山,一动不动。长时间站在一个地方不动,不仅培训师自己难受,学员也会感觉不舒服。

那么,横向和纵向移动的距离是多少呢?记住,最多2/3——横向移动最多2/3,纵向也最多移动2/3。不要跑到最后面去,也不要跑到最边上去,除非是专门需要,如控场的时候可以用"身体靠近法"这么做。

注意:你不能长时间站在某个学员身边,否则会让对方误以为你对他"情有独钟",这样会让其他学员感觉到疏远。这还好点,如果你面对的那个学员感觉你"不怀好意",那就更麻烦了。

要求6:永远不要背对学员。你只能把你的正面给学员,无论你的背部造型多么优美,也只能独自欣赏。当然了,你可以斜视学员,尤其是在PPT演示的时候,但不能长久地斜视,要尽可能正面面对观众。

3. 教具演示中的注意事项

现场演示PPT是培训师必须掌握的基本技能,同时也是培训师最容易犯错的地方。辛辛苦苦做出来的PPT却没有演示好,真是太遗憾了。

演示中要注意什么呢？

- 要照顾现场每个学员，让大家都能看到PPT。
- 站在幻灯的光线旁边，不要挡住光线。
- 不要始终面对PPT，要面向学员。
- 不要一直斜站，要把正面给学员，看完PPT就转过身来。
- 不要背对学员，就算是板书的时候也要面对学员，可以斜视45度。
- 不要乱翻PPT，用视图的方式，直接找到目标PPT。
- 不要经常开关PPT。
- 用指示笔指向投影布，不要用手去指。
- 指示笔的唯一对象是投影布，绝不是人。

有一次我在深圳听北京师范大学的一位老师讲心理学。这位年轻的教授知识很丰富，内容很专业，案例也精彩，但是有两个地方让人很不舒服：第一，他一直站在投影布的左边，斜站着面对右边的学员讲课，投影布上的很多内容都被他挡住了，导致左边的学员只能看着他的背部；第二，这位老师不用指示笔，而是用手指着投影布，大家根本看不清他指的是什么内容。

四、关于专业形象的答疑及工具

1. 关于专业形象的6个疑问

疑问1：穿正装会影响亲和力吗？

在一次为某制造型企业做TTT时，讲到培训师要穿职业装上台，一个学员对此提出了疑惑："作为一名培训师，我以前都是穿正装上台的，但是有一次培训过程中和学员聊天，学员建议说：'老师，你不要这么严肃嘛，穿得这么正式，把我们的距离都拉开了。'所以我担心，如果培训师和学员着装差距太大，会拉开距离，影响亲和力。"

职业装并不影响亲和力。亲和力是培训师表现出来的对学员的态度，这与服装无关。一个懂得亲和力的老师，着装上即使与学员不一致，也可以具备亲和力；相反，如果不懂得亲和力，就算和学员穿着一样的T恤、背心、拖鞋，和学员称兄道弟，也不是真正的亲和力。

疑问2：大师为什么不穿职业装？

在一次给某移动通信公司做TTT的时候，有个学员说道："段老师，我们经常组织培训，也参加过很多培训，我看到某些大师并没有穿你所说的职业装。"

还有一次在给某零售行业做TTT的时候，一个学员说："我参加过很多销售行业的培训，有几次都是某个大师穿着大红色的衣服讲授的。培训师在台上跳得很欢，像一团火一样，感觉很有激情。"

大师可以"无所谓"，可以完全不借助服装，甚至不借助讲授技巧，就凭他的头衔、资历或者专业，就可以搞定学员。但你不是大师，等你真正成为大师的时候，你也可以穿着很随意。

其实真正的大师也是遵守国际通行的规则的。比尔·盖茨一直是以牛仔形象闻名于世，甚至这已成为微软文化的一部分，但是，他在正式的场合依然穿正装。

疑问3：可以穿自己的个性服装吗？

这个问题曾不只一次被问及。回答是"Yes"。

那么这是否和前面所讲的冲突呢？回答是"No"。

培训师可以在符合国际规则的情况下保持自己的个性，但是，个性化着装必须符合以下几个条件：

①**符合主题**。根据培训的主题搭配合适的服装。比如你要谈及一个很消极的话题，如"安全事故"，那就最好不要穿红色等比较喜庆的颜色，而要选择较暗淡的颜色。

②**符合场合**。服装的颜色可以与你所服务的企业的logo色系一致。比如你所培训的移动通信公司其logo是蓝色系，你就可以穿蓝色服装。

③**符合身份**。首先要弄清楚在整个安排中，你的发言和讲话是一个什么样的角色，千万不要抢了主角的镜头。

疑问 4：中山装和唐服是否可以作为培训师的正装？目前越来越多的培训师穿着唐装上台，很有特色和个性。

当然可以！如果所讲的主题与国学有关，你最好还是穿得更"中国"一点。

记住，服装是为主题服务的，只要能表示出对对方相应的尊重，并不拘泥于穿什么服装。

疑问 5：难道培训师在台上必须用非常正式的语言，一本正经地授课吗？为什么不可以讲得通俗易懂呢？为什么不可以开一些玩笑呢？

玩笑可以开，但一定是不伤大雅。通俗不是庸俗，更不是媚俗。专业形象与基本素质相关。

疑问 6：如何尽快地改变自己的形象？

如何让自己尽快转变形象，让别人突然之间感觉你"焕然一新"呢？方法有以下几个：

①**改变发型**。如果以前是长发，可以变成短发；如果以前是直发，可以变成卷发。

②**改变着装**。如果以前穿着比较休闲，就改为正装。

以上两个方法相对容易、简单、立竿见影。

③**化妆**。这主要适合女性，尤其是彩妆，会让你的形象大变。

④**改变眼神**。改变眼神，就会改变气质。这个来得慢，但是效果更持久。

⑤**改变说话的声音**。这个更慢，持续地练习改变眼神，通常只需要3个月就会见效，但是声音和表达的改变至少需要半年。付出和回报成正比，来得快去得也快，改变越慢的效果越好。有关声音的训练，详见本书第七章。

⑥**注意身体语言**。专业的讲台形象和身体语言息息相关。专业的形象是基础，专业的身体语言是延伸。有关身体语言的规范，详见本书第八章。

2.关于专业形象的工具

工具1：讲台形象测评

🔹工具模板

运用范围：所有培训

目的：塑造良好的讲台形象

适用对象：培训师、培训主管

讲台形象测评表

形体	要求	没有	偶尔	经常
着装	正装，正式、庄重			
形体	五点一面			
全身	挺拔，紧张，绷直			
双腿	自然，窄于双肩			
腹部	收紧，紧张			
肩膀	微向后压，端平			
后臂	靠近身体，肘向内收			
手掌	张开，平衡			
手指	弯曲，用整体而不是单个手指指示			
双手	高不过头，低不过腰			
脖子	伸直，挺正			
头部	稳，不摇晃			
嘴部	干净，无多余动作			
面部	微笑，有适当变化			
眼神	定，转，扫，远，近			
话筒	低于下巴，垂直			
移动	不超过2/3"横向移动""纵向移动"			

(续)

形体	要求	没有	偶尔	经常
定点	有固定区域			
语言	符合规范，没有粗话、脏话			

工具2：幻灯片演示测评

工具模板

运用范围：所有培训

目的：保持正确的PPT演示

适用对象：培训师、培训主管

幻灯片演示测评表

不良表现	没有	很少	有
站在光线前面			
手指幻灯片			
在某张PPT上停留太长时间			
盯着看某张幻灯片			
反复看某张幻灯片			
背对学员			
一直斜视学员			
反复讲解某张PPT			
乱翻PPT			
完全忽视PPT			
完全依赖PPT			
成为PPT的旁白			
经常关闭PPT			

本章小结

1. 学习要点

掌握并运用塑造讲台形象的具体方法。

2. 课后作业

通过录像的方式,严格检查自己在讲台中出现的问题,尤其要注意最常犯的几个错误,并在授课中自我提醒。

第三章 | 激情燃烧
精彩互动的原则和方法

ADDIE小贴士

塑造良好的形象是基础,并不意味着学员就会跟你一起玩,更不意味着学员就会成为你的粉丝,你很有可能在台上唱独角戏,因此,你要运用一些工具和方法,营造良好的氛围,让学员积极参与进来。记住,互动是双方的,要让学员"动",你就要先"动"。要让对方喜欢你,首先要喜欢对方。所以,互动的核心点是:心中有学员,以学员为中心,围绕学员进行授课。

一、现场气氛不佳的表现

1. 现场气氛不佳的典型案例

情景描述

在一个培训师的专业QQ群里,有位职业培训师提出这样一个问题:"培训中要不要互动?"对于一个职业培训师来说,"培训中的互动"还需要讨论吗?经过询问,这位老师给大家讲了他的一段经历。

企业:老师,你培训的时候,要用互动吗?

培训师:你说的是"互动活动"吧?当然要用。

企业:老师,你能不能不用互动?

培训师:培训中不用互动?恐怕不太好吧?

企业:我们觉得互动不好,浪费时间。

培训师:哦?互动能增强培训效果,怎么叫浪费时间呢?

企业:我们觉得培训应该就是培训,不用搞什么互动。

培训师:看来你说的互动跟我理解的不一样,我认为互动就是培训中的一部分,好像你觉得它们是对立的,怎么回事呢?

企业:是这样的,上次我们请一个老师培训,整整一个下午都在搞互动游戏,除了搞活动,什么具体内容都没有讲,完全是在耗费时间。

培训师:是户外拓展培训吗?这个是需要搞活动的。

企业:那次不是户外拓展培训,我们参加过拓展培训的,不是那样的。

培训师:主题是讲什么呢?

企业:管理技能提升。

培训师:哦。

企业：所以我们希望老师您在培训中不要搞什么互动，直接讲课就行了。

培训师：啊？……

上面这个案例是"互动过火"，现实中，还存在缺乏互动的现象。

2. 现场缺乏互动的几种表现

企业内部培训师在培训中往往缺乏互动技巧，不能有效带动学员参与，导致现场气氛不够活跃。典型的表现是：

①**独角戏**。培训师自己讲授自己的课程，很少和学员真正交流。很多培训师甚至不敢离开自己的讲台，讲完课就溜之大吉。

②**课堂气氛沉闷**。整个培训现场死气沉沉，学员难以参与其中。

③**授课形式单一**。没有更多的授课形式，培训似乎就是老师讲课。

以上是内训师互动时最常见的问题。每次做TTT的需求调查，企业无一例外会提到这几点。

另外，在互动中常出现的一个现象就是场面失控。

有些培训师知道培训需要互动，于是也采用一些互动活动，但是由于缺乏专门的技能，导致场面失控。

一个TTT的学员告诉我，她在给公司内部培训的时候，有一次为了增加互动，专门设计了几个活动，但是由于对活动不熟悉，在规则上没有介绍清楚，从而引起争议，导致这个活动不了了之，学员们对于后面的培训内容也缺乏积极性了。她跟我讲："我以后再也不搞互动了，就直接讲课，讲完就下课走人，多轻松。"

鹰隼计划南京班的学员也讲了一个案例：

有一次，他们请一位礼仪老师讲课，该老师为了增加互动，每次都邀请学员上台演练，但是由于控场能力不足，导致现场有些混乱。再后来，作为培训总监的他跟老师沟通，请老师不要再做"互动"了，以免出现更大的混乱。

二、现场互动的管理学原理和作用

1. 现场互动的管理学原理

(1) 共生效应

生物学中的共生是指两种或者几种不同的生物在一起互相利用,各取所需,共同生存的现象。培训中的共生效应是指培训师和学员之间相互合作,相互交流,共同营造良好的学习氛围,最终获得良好的培训效果。

如何产生共生效应呢?需要借助培训师的互动技巧。

(2) 温水煮青蛙理论

在不知不觉的变化中,人们失去应对变化和发展的能力,最终导致失败。这通常被理解为一种负面的现象。

实际上,在培训过程中,培训师可以运用温水煮青蛙理论,采用适当的手段和技巧,以"温柔"的方式慢慢让学员接受自己的观点,顺利进入预定的轨道,最终达成培训目标。互动技巧就是"温柔的一刀"。

培训师除了在课程互动中需要广泛运用温水煮青蛙理论外,吸引学员参与,促使学员介绍内容时也同样可以运用这个理论。

(3) 大雁理论

大雁有强烈的团队合作意识,在飞行的时候相互协作,减少阻力,尽快到达目的地。

大雁团队的特点大家都知道,核心就是团队合作。大雁团队在飞行中的情形和培训是很相似的:

• 大雁飞行的时候有形状,要么是"一"字形,要么是"人"字形。这样的形状能够有效地减少阻力。类似的,桌椅的摆放同样影响培训效果,培训时要根据课程内容摆放不同的桌椅。关于课桌摆放,详见本书第十章。

• 大雁飞行的时候一起拍打翅膀,节拍一致,这样是为了减少阻力。同样,在培训中要用互动技巧把所有学员带动起来,营造和谐的气氛,形成良好的合作氛围。

· 大雁飞行的时候要不时地鸣叫，既是告诉其他伙伴，"我在你的身边，不用担心我"，同时也在告诉对方，"我在你的身边，你并不孤单"。培训师也是如此，要运用互动技巧，与学员相互鼓励，不要把自己当成孤雁，孤零零地独自飞。

如果有大雁受伤或者生病，大雁群不会丢下它不管，而会安排其他健康的大雁陪它疗伤。培训师亦是如此，尽管要照顾大多数学员，但是也不能丢下某一个学员，要多关注某些特殊的学员。

（4）亲和力法则

人与人之间存在无形的墙，让彼此不能顺畅地交流和合作，培训师要运用自身的亲和力打破这个藩篱，形成良好的氛围。亲和力是一种非常伟大的力量，能产生"随风潜入夜，润物细无声"的良好效果。

其实，学员希望和老师形成一个整体，他们希望被重视、被尊重，而不是被"教导"；他们不希望看到一个高高在上的老师，也不希望看到一个自以为是的专家，更不愿意看到一个"救世主"站在讲台上；他们希望和老师的关系是知心的朋友，是一起游玩的伙伴，是共同迎接挑战的战友。

2. 现场互动的作用

总体上讲，互动的作用包括：激发学员的参与积极性，营造良好的学习氛围，丰富培训形式，深化培训内容，获取最佳的培训效果。

因此，互动是培训师必须掌握的培训技术，也是影响培训效果的一个重要因素。

三、营造良好气氛的原则和方法

培训师需要掌握一些互动的原则和方法。首先要掌握原则，避免犯一些常识性的错误。

1. 营造良好气氛的三大原则

（1）为主题服务

互动是达成培训目标的一个手段和工具，而不是目的，因此不要为了互动而互动。

我经常接到这样的电话："段老师，介绍几个培训中的游戏给我吧。我组织培训，要搞几个互动游戏。"我问："需要什么游戏？"对方回答："只要是游戏就可以，就是要组织几个活动，把气氛搞得热闹些。"这就是为互动而互动。

（2）基于学员

如何互动？什么时候互动？这都由培训师根据学员的具体情况而选择。如果培训过程中，众多学员注意力不集中，或者大多数学员都比较疲倦，就可以适当运用互动技巧。值得注意的是，有些培训师太喜欢互动了，动不动就互动，现场氛围看起来很热闹，实际上没有实质内容。

（3）便于掌控

互动的目的是为主题服务，达成培训目标，这就要求有计划、有步骤地进行互动。有些培训师由于缺乏控场技巧，在做互动活动的时候失去了控制，从而影响整个培训。

因此，培训师不仅要知道互动的作用，更关键的是要掌握互动的技巧。

2. 营造良好气氛的3个方法

（1）赞美法

赞美法就是指培训师在培训过程中赞美学员。这是建立良好培训氛围的重要方法，也是最常见的方法。

培训师在讲台上的一个重要忌讳就是贬低、攻击甚至辱骂学员。为人师表，尊重学员是培训师的基本准则，但实际上，攻击、辱骂甚至和学员发生激烈肢体冲突的事情却时有发生,至于贬低学员更是常见的事情。

有一天,我接到好朋友白总的电话。作为MBA企业家联谊会的负责人之一,他经常参加各种培训。

"段老师,我刚参加一个培训出来,这个老师讲得太差了,居然还被称为什么名嘴。"

"哦,怎么回事呢?"

"这个老师最喜欢攻击学员。他一上台,说的第一句就是:'我通常是给企业家讲课,我认为资产一亿元以上的才算企业家,你们算不算企业家?'然后就吹嘘他们那里的企业家如何如何优秀,贬低我们这里的怎样怎样落后。总之,具体内容没有讲什么,一直在贬低我们。我们是去学习的,不是去挨训的,我待了不到半个小时就出来了,简直浪费时间。"

那么到底怎么赞美对方呢?

❶**直接赞美法**。这是常见的方法,比如说"你们太棒了""你们是最优秀的""你们是我见过的最好的学员"。

这种方法简单直接,但是效果未必最好。很多学员会以为这是培训师常用的手段,是在例行公事,就像某些明星一样,每到一处都说"你们是最好的观众,我爱你们",缺乏真诚。

在鹰隼训练班中,有一个以I[①]型为主的学员Z老师,是一名职业培训师,在最初的演练中,为了吸引大家参与,经常搞些互动,只要大家有回应,他就立即会说"哇,太棒了""太好了""你们都是最棒的"。刚开始这么用,大家还积极参与,但是后来这位老师的表扬越来越夸张,大家反而不参与了,因为总是被"戴高帽子",大家感觉受之有愧。

❷**间接赞美法**。赞美是好事,但要适度,尤其是面对年龄较大、职务较高的人,以及有S型或者C型特质的学员,更是要慎重,此时可以用间接赞美法。

---

① DISC是一种"人类行为语言",D代表支配型,I代表影响型,S代表稳健型,C代表谨慎型。——编者注

所谓间接赞美法，不是直接赞美学员，而是赞美与学员相关的事物：赞美学员所在的地方，比如该地的历史人物、著名景点等正面、积极的事物；赞美学员所在的部门；赞美学员做的事情。用事实说话的赞美最有力度。

如何提升赞美效果呢？

第一，要真诚。虚假的赞美不如不赞美。

第二，直接赞美细节。比如人们赞美某个地方会说"人杰地灵"，这种赞美方法太普通，没有新意，不如赞美某个具体的人物。赞美学员"很优秀"，不如赞美学员所做的事情。

有一次，我去联想培训，主题是"情景高尔夫——向下管理"。原来计划9：00正式开始，但是8：30的时候已经来了很多人，8：40人就都到齐了，于是8：50培训就开始了。我在开场中讲道："今天咱们是提前开始培训，这是我培训以来第一次遇到这种情况。我来之前一直很奇怪，为什么咱们联想会发展成为这么优秀的企业，成为全球PC的霸主，你们今天的表现给了我答案——重视和懂得成长的人，就是离成功和优秀最近的人。把掌声送给你们自己！"结果赢得了大家的热烈欢迎。

（2）关联法

关联法可以帮助培训师很快地和学员建立关系。培训师首先要融入现场中，同时要让大家感觉培训师和学员是在一起的，这样才能建立紧密的关系。

如何关联呢？

①**合理称呼法**。你一开口就确定了双方的关系，不同的称谓表明了不同的关系，比如夫妻关系、父子关系、母女关系、上下级关系、同事关系等。你怎样称呼你的学员，就意味着你想和学员建立什么样的关系。

一个TTT学员祝老师要做一场培训，请我去给她做现场点评和指导。这位老师是给房地产职业顾问培训学校授课，学员都是有社会工作经验的年轻人，且以女学生为主。祝老师上台的第一句话是"同学们，大家早上好"，后面的课程全是"同学们"。每次遇到重要的地方，祝老师总是说"你们要认真地学习""你们要好好地运用""你们要怎样怎样做"，俨然一副老师在教导学生的样子。因此现场氛围不够热烈，学员的互动很少，有点像唱独角戏，她自己也感觉到了这点。

课间休息时，祝老师来问我："段老师，我讲得怎么样？"课程没有结束，我不能打击她的信心，但又不能不指出她的缺陷，因此我说："你讲得很好，真像一个老师，如果你把他们当成朋友也许更好。"我告诉她两点：第一，把"学生"改为"伙伴"；第二，把"你们"改为"我们"。祝老师心领神会，很快调整过来，整个培训现场气氛也随即改变。

在培训结束后的提问环节，很多学员都把祝老师当成姐姐，围在"祝姐"身边问长问短，着实让祝老师有种当老师的成就感。

如何在培训中建立良好的合作关系？借助称呼语是一个很好的方法。我在培训中基本上都是用"伙伴"这个称呼语。尤其是在"我和我的小伙伴都惊呆了"的时代，如果把这个形成一种常规，是很受小伙伴们欢迎的。

②当地化法。和学员尽快建立关系的方法就是"当地化法"，也叫"融入环境法"。在讲课的过程中，要尽可能引用与学员相关的地方或者部门。假如是去外地培训，底下坐的全是当地的学员，培训师就可以引用与当地相关的人、事、物。但是如果学员来自全国各地，就要照顾到所有人。

你必须尽可能找到能够与学员产生关系的地方，只要去找，都会有的。比如，如果公司内训给某个部门讲课，你可以提及这个部门最近做出的成绩。

③设身处地法。站在学员的立场，从他们的角度去看待事物。培训师为学员着想，学员是能体会到的，反过来他们会更加尊重和配合培训师。

有一年冬天去沈阳培训，当地温度在零下20度左右，我是从南方过去的，里面穿着保暖内衣，酒店服务员因此把室内温度调得很低。授课过程中，我发现很多学员露出了感到寒冷的表情，甚至有学员想去调高温度，但是害怕影响我，就没有去调温。中场休息时，我让工作人员调高了温度，然后我把外套脱下，穿着衬衣上课。学员发现了这点，非常配合，整个培训效果很好。

（3）引用法

引用什么呢？引用培训过程中学员的表现，尤其是休息期间和学员随意的闲聊，培训师要留心，注意收集这些信息，合理地选择，然后在接下来的课堂上，把某些信息当成案例来使用，这样既会给学员惊喜，同时又会让他们感觉到受尊重。

课间休息的时候，培训师可以走到学员中间，和他们聊天，主要是引导他们说话。和学员共同进餐，也是收集素材的绝好机会。因为吃饭时，学员都很放松，会吐露很多真实的内容。培训师一定不要太把自己当老师——在课堂上"教导"学员，在课后还要教导，把自己搞得高高在上，这样是无法获得学员认同的。

引用的时候要注意两点：一是要引用正面、积极的事情，不要把学员表现不佳的地方拿到台上展示，这样会带来对抗，毕竟谁都不愿意当众出丑；二是引用的时候最好不要指名道姓，这样能引起大家的适当猜测，而主角自己是明白的，还可以暗自窃喜。说不准，这么一引用，他就会成为你的忠实"粉丝"，成为你的支持者，这样也有利于控场。

另外，培训师还可以引用学员在前面课堂上的表现，用在后面的培训中，这样不仅会让该学员感觉备受尊重，还会激发其他学员的参与性。

有一次给华为上"情境高尔夫——向下管理"，第二天讲第十洞"授权管理"的时候，我就引用了头一天的事情："昨天，我们在讲第二洞'如何制订计划'的时候，有一位学员提到了对'用人不疑，疑人不用'这个说法的疑惑，那么现实管理中到底该怎么做呢？接下来咱们就共同学习'科学的授权管理的流程'。"这样既对该学员的疑问进行了回应，同时也让前后的内容形成一个整体。

3. 魅力互动的13个方法

（1）提问法

提问法是最简单有用的互动方法，通过提问能引起学员的兴趣。

作为互动，提问法可以贯穿课程的始终。实际上，有经验的培训师总是通过问题来吸引学员的注意，号召学员积极参与。

作为互动技巧，提问时要注意以下几点：

①提问形式。开放式问题——"什么"（what）；封闭式问题——"是不是"（yes or no）。

②回答对象。问大家——"大家说，对不对"；问个人——"请你来回答一下"。

③问题数量。一个问题——"我有个问题要问大家"；多个问题——"现在我们来回答几个问题"。

互动中的提问，随时都是可以的。以"新员工入职培训"主题为例：

①课程开始的时候。比如：

各位同事，欢迎进入我们公司，从今天开始，大家都是公司的一员，那么作为公司的一员，我们是不是应该对公司的发展史有所了解呢？大家说是不是？

②课题小结的时候。比如：

刚才我们共同学习了公司的发展史，让我们来一起回忆一下，我们公司是成立于……？我们公司目前的分公司有……

③承上启下的时候。比如：

刚才我们共同学习了公司的发展史，对我们公司的发展历程有了基本的了解。那么我们是不是应该知道公司的主要项目呢？以后有人问你"你们公司是做什么的"，你该怎么回答？有谁来回答一下，我们公司是做什么的？

④**需要集中大家注意力的时候。**比如：

各位同事，我们刚才了解了公司的发展史，又掌握了公司的主要项目，对我们公司有了更多的信心。那么，对于我们自己来说，如何成为一名合格的员工，如何更好地发展呢？我们大家是不是要了解？想不想了解？

⑤**课程结束的时候。**比如：

各位同事，经过3个小时的学习，我们上午的培训即将结束，在结束以前，我有几个问题想问大家：第一，我们公司的主营业务是什么？第二，我们公司的考勤制度主要有哪些？

每次在TTT培训中，我都会告诉学员这两天大家只需要学会两招：第一，在内容上就是案例；第二，在授课技巧及互动方面就是提问。同时让大家记住一句话：在培训过程中无论发生任何问题，都用提问的方式来应对，总结起来就是"用问题解决问题"，提问或者问题贯穿培训始终。

有一次在给华为培训过后，他们的培训负责人跟我交流："段老师，在培训之前，我还有所担心，怕我们这些做技术的同事不够投入，没有想到，你一上台就把大家吸引进去了，总感觉有一种力量在牵引我们，把我们都带进去了。"

这其实就是所谓的气场，只不过我用了一个技巧，就是提问。我一上台就提问，用各种问题来吸引大家。

提问的时候需要注意的是，不要提太过于简单的问题。

在鹰隼训练班中，一位学员总是提"是不是""好不好"这种简单的封闭式问题，最开始大家还积极配合，但后来就不愿意了。因为这样的问题太过于简单。

因此，在培训中，我请大家记住两句话：第一，不要低估学员的智商；第二，不要高估学员的情商。

注意：提问法是互动中最容易掌握也最有效的方法，也是培训师必须掌握的一个方法。

（2）活动法

即在培训过程中通过组织某个活动来吸引学员的关注和参与。

活动可以在培训的最开始做，通常叫"热身活动"。培训过程中也可以采用互动活动。

互动活动只是"小活动"，目的仅仅是为了互动，要求：

- 时间短：1个小时的课程，活动时间要控制在10分钟之内。
- 规模小：不一定是每个学员都参加，也可以选择代表参加。
- 活动范围小：在教室内的空地上就可以进行，尽量不要移动桌椅之类，也不要转移到室外，更不要跑很远的距离，活动范围一定要小。

运用活动法作为互动，还要注意以下两点：

第一，控场，培训师要有良好的把控能力。

第二，了解学员的状况，包括年龄、岗位、行业等。

有一次，我给南方某政府部门的管理层上"情境高尔夫课"。在下午刚刚上课的时候，培训助理要做一个热身活动，这个小女孩"请大家全体起立"，学员们磨磨蹭蹭地站起来。小女孩继续说："上午大家上课都很投入，做得非常好，下午呢？任务更重，同时这个时间段容易睡觉，为确保培训顺利进行，现在我们做个热身活动，请大家伸出双手……"话还没有说完，那些站着的学员"唉"了一声，重新坐到了座位上。这些五十多岁的"官员"是不愿意被一个小姑娘"指挥"着搞什么神秘热身活动的。所以，我后来就让他们在自己的位置上做了一个简单的热身，就开始正式培训了。

（3）游戏法

游戏法和活动法比较类似，区别在于游戏法比通常的活动法更具有趣味性。有趣味的活动就是游戏。运用游戏法需要注意的是：第一，与主题相关；第二，与主题的氛围一致；第三，注意数量，不要冲淡主题；第四，控场。

在鹰隼计划中，我们曾经专门组织过一个活动——引导技术在互动环节中的运用，专门讲授如何运用引导技术有效地组织、规划互动活动及游戏，主要依据GROWAY模式：

G：目标。首先要确定本次互动的目标以及想要达到的目的。从目的出发，具体设计和选择互动项目。

R：分析现状。包括课程进行的状况、学员参与状况、学员背景（年龄、管理层次、岗位状况、数量、性别比例及个性状况）、场地情况（面积、形状、光线、气温）等。

O：设计方案。根据前面的状况设计实施的具体方案，也就是具体操作流程、操作时机、所需时间、选择对象、项目规则以及如何点评等，当然，还包括备选方案。

W：工作。就是指培训中的具体实施。

A：调整。在实施过程中，不断发现问题、总结问题，并进行相应的调整。

Y：收益。就是某个项目结束后，进行相应的总结和提升。

活动游戏法既是一种互动的方法，也可以升级为一种培训模式，属于培训师必须掌握的技能。现在的学员对于单纯的理论讲授比较反感，缺乏学习的积极性。因此，很多培训师，包括一些学院派的老教授都开始运用这种方法，对促进学员参与、活跃现场氛围、提高课程质量都很有帮助。

（4）语言引导法

语言引导法其实就是"说半截话"——培训师说前面的话，后面的话引导学员说出来。这种方法可以贯穿培训始终，保持对学员的吸引力并增强参与性。

语言引导法可以借助常用的成语、俗语、歇后语等，也可以引用名人名言。比如，我讲"人格管理"课程时，通常会讲"俗话说，江山易改……"故意把"易改"两个字音拉长，然后停住，接下来学员就会说"本性难移"。

需要注意的是：

①引用的话不要太难、太生、范围太大。否则你说了上句，没有人讲

下句，就会显得尴尬。比如，用名人名言引导："世界首富比尔·盖茨曾经说过……"然后停下来，这时学员很少接话，就算接，也不一定准确，因为比尔·盖茨说过的话太多了。

②**语言引导的时候要注意语速。**要比平时的语速慢，尤其是要把最后的字拉长，以等待学员接话。

③**做好应对冷场的准备。**如果没有学员接话，培训师必须自己接下去，否则学员会一直等着后半截话。如果你说"神马都是……"，没有人回答，你就要主动接话"神马都是什么呢？——神马都是浮云"。

④**需要接的话不要太简单。**

在南宁的鹰隼计划班中，有一位学员在演练环节运用语言引导法："各位老师，大家好，今天非常高兴，能和大家共同成长，子曰：三人行，必有我——什么？"他期望台下的回答"师焉"，但是没人回答，为什么？因为太过简单。后来，他改为在"三人行"后停住，并把"行"字拉长，这时候台下就有人回应"必有我师焉"。还是那句话，不要低估学员的智商。

语言引导法其实有点类似问题法，只不过是变了形式的提问题，这也是可以在表达中一直运用的方法，因为有人接话，自然就带动了全场的氛围。

（5）动作引导法

动作引导法与活动游戏法比较类似，只不过动作不需要太大，只是身体的某部分（尤其是手）要做些动作。

讲到沟通和管理中的"换位思考"，就可以采用动作引导法，既然是引导，就要用自己的动作去带动。

首先请大家伸出左手，对，把手指放松一下。（培训师自己要做，学员才会跟着做，以下同。）

然后，请大家伸出右手，对，同样放松一下。（玩笑的口吻）据说一个人的智商和手指的灵活程度成正比。

接下来，请大家伸出左手的食指。对，不要动，一直保持。

然后，请大家伸出右手的食指。对，就这样。

现在，请大家用两个食指摆出"人"字给我看。(培训师将两个食指无限接近，但是不要做出"人"字。)

对，就是用两个食指摆出"人"字，给我看。

对。给我看。(培训师不要走到学员后面去，就站在讲台上。)

最开始，所有学员的第一反应都是摆出"人"字，但只是给学员自己看的，对于站在学员对面的老师来说，看到的不是"人"字，而是"入"字。在这个时候，老师要继续引导：

记住，是给我看，给我看。(培训师不要走到学员后面去，就站在讲台上。)

这时很多学员都反应过来了，把手指上下调整，变成了"入"字。但是依然有学员还没有反应过来，依然是"人"字。老师可以继续引导：

是给我看，我，我在这里。

这时绝大部分学员都调整过来，当然还有极少数可能没有反应过来。

现在，请大家放下手。我们一起来探讨一下。在工作中尽管我们都明白换位思考的道理，都懂得要站在对方的角度，但是通常我们的第一反应是什么？以谁为中心？对，都是以自我为中心。只有我们真正做到了站在对方的角度，才能换位思考。

动作引导法的注意事项：

①**语言和动作要同时进行，用语言带动动作。**培训师亲自演示，引导学员参与。除非是哑剧式引导法，否则一定要结合语言。

②**动作由易到难。**想要一大群成年人跟你做同样复杂的动作，没有人愿意，只有由简单到复杂，从一个小动作引导到一个大动作。记住"温水煮青蛙"的原理。

③**制造悬念。**首先，不要让学员知道你想干什么。如果他们知道了，就不会跟你做了。其次，关键的时候要停止，你不要示范所有内容，这样

才能制造悬念。在上面那个"人"字造型中,当说到"现在,请大家用这两个食指摆出'人'字给我看",此时,你将两个食指接近,但是不要做出最后的动作。不要摆"人"字,也不要摆"入"字,要让学员自己做出来。

④**要总结提炼**。将这个动作提炼出一个结论,这才是关键所在。动作引导法的意义不在于动作本身,而在于由此动作得出的重要意义。

(6) 道具运用法

运用道具是一种培训模式,也是互动的一种方式。只是作为互动方式来说,运用道具仅仅是某个环节的内容,并不贯穿始终,否则,那就是一种培训模式了。

运用道具时的注意事项:第一,要紧密结合正在讲的内容;第二,要熟练操作;第三,防止意外,避免弄巧成拙。

情景描述

我在讲性格分析的课程时,首先就要让大家接受"性格管理"的科学性。生活中,人们对于"性格"的概念有不同的理解,因而产生了很多争议,进而很多人会怀疑"人格管理"的科学性,以为是和江湖郎中、算命先生一样的忽悠。因此,讲"人格管理"课程,首先要做的就是帮助学员掌握准确的概念,理解课程的科学性,否则学员在心理上是无法接受的。单纯靠讲理论、讲概念是无法帮助大家准确认识的,我于是选择了道具,既是一种互动,又能帮助学员真正理解。

我先分别介绍了气质、性格和人格三个概念,并用表格的形式把三者的相同点和不同点进行了对比阐述。

然后,我把教室里的一盆花端上讲桌:"请问大家,这盆花是真的还是假的?所谓真的就是说这花是植物,假的就是塑料做的假花。"台下有不同的回答。

接下来,我把一片叶子摘下来,大家一看,就说"是真花",因为塑料做的叶子是摘不下来的。

这时我就总结道:"所谓的气质就是先天的、无法更改的特质,就像这盆花，它的气质是什么？是植物还是塑料？"学员回答："植物。"

"那么这盆花的'性格'是什么呢？是不是这个形状？"大家心有领会："哦，外形或者造型就是'性格'。"

"因此这个形状是可以改变的，对吧？"大家回答："是的。"

我继续说："那么，这先天的气质加上后天的性格，加在一起就是人格。"我停顿一下，一边轻抚花盆一边讲道："我们每一个人都像这盆花，既包括先天的气质，又包括后天长期形成的性格，这就是我们的人格。刚才大家做的DISC人格特质测试，测试的就是大家的人格特质。我们每个人都是由这些特质组成的，只不过组合的方式和比重不一样，就像世界上没有两盆完全相同的花一样，也不可能有两个完全相同的人。但无论什么样的人，都是由这些DISC人格特质组成，只要我们掌握了每种人格特质的内涵以及组合规律，就可以去分析每一个人，认识每一个人，然后有针对性地采取相应的措施。这就是我们做人格分析与管理的意义。"

接下来就是正式的讲授……

运用道具，整个时间也就是5分钟左右。每次培训都有学员向我反映，对这种道具讲授的方式印象很深刻，比单纯的理论讲授效果更好。后来有些培训，现场没有找到这样的花，我就用学员的茶杯作为道具，也获得了同样的效果。所以道具法中的道具是不拘一格的，只要用心，什么都可以当道具。如果是用人做"道具"，就是学员演示法或者角色扮演法。

（7）学员演示法

培训师可以设计某个活动或者某些内容，请学员代表来演示，通过学员实操达到效果。这就是学员演示法。

学员演示法是部分学员上台来演示，如果全部学员都参与，就是活动游戏法。

我们每次课程基本上都会用学员演示法。比如TTT课程中让学员上台演练；在性格分析课程中，也请具有典型特征的学员代表上台描述自己的个性，让其他学员共同分析这个学员的性格特质，每次都会带来很好的互动效果。

学员演示法可以广泛运用到培训中，甚至每个课程都可以用到这样的方法。知识类的课程，你可以请学员谈谈对某个知识的认识和看法；态度类的课程，你可以请学员表述自己的观点和意见；技能类的课程，你更是可以请学员直接上台演示和操作。

学员演示法的要求：

• 演示的内容不要太难，因为难度太大会导致没有人愿意来演示，或者演示失败了会打击学员。

• 时间不要太长，最好 3 分钟，一般不要超过 5 分钟。

• 演示的要求和规则要提前说清楚，否则演示过程会乱套。

（8）角色扮演法

角色扮演法是指在某个项目中，学员扮演某个角色去操作一项任务的互动方法。角色扮演法和学员演示法类似，都是学员去操作或者演示；不同之处在于，角色扮演法是学员以某个角色的身份去操作，而学员演示法依然是以学员本身的身份去演示。

比如，在"性格分析"课程中，有项任务是让学员上台描述性格，如果学员描述自己的性格，那就是学员演示法；如果学员模仿其他人的性格，就是角色扮演法。

"商务礼仪"课程中"握手礼仪"这个环节，需要让学员演练如何握手，如果学员是以自己的身份去握手，就属于学员演示法；如果学员是模拟某个人（比如某个领导）去握手，就属于角色扮演法。

角色扮演法其实属于学员演示法中的一种，只是比学员演示法的难度更大，要求也更高。因此，除了符合学员演示法的要求以外，角色扮演法还要注意：

①**要找对人**。要根据角色本身的要求找到适合条件的人，否则会导致失败。通常，最喜欢上台而且喜欢当演员的人 I 型性格比较重，其次是 D 型性格，然后是 C 型性格，尽量避免让 S 型性格的人上台。

②**要请学员在角色扮演结束后谈体会**。角色扮演中，学员是个"道具"，但这是有生命的道具，而不是一般的道具。不要把学员当"傀

僵"——听你的指令上台，做完规定动作，然后灰溜溜下去。一定要让学员谈体会和感受，既然已经让人家当演员了，就让他把"明星瘾"过足。

③**培训师要总结和提炼**。要帮助学员全面认识和掌握这个项目，做到举一反三。角色扮演法的时间较长，一般都超过5分钟，通常会在10分钟左右，如果仅仅是"热闹"，就失去了真正的意义。

角色扮演法既是一种教学模式，也是一种互动方法。如果角色扮演只是在某个时间段，就属于互动方法；如果贯穿在整个培训中，就属于一种教学方法。比如"情景训练"和"情境高尔夫"课程中，整个培训过程都是学员扮演某个角色。

学员演示法和角色扮演法都是由学员参与其中，让学员成为主角，深受学员欢迎，成为提高培训效果的必然手段，甚至是培训评价的指标之一，很多企业会要求培训师采用这种方式。因此，培训师必须掌握这样的互动方式，不过在采用的时候，一定要注意"因地制宜，因时制宜，因人制宜"三个要素。

有一次，鹰隼计划杭州班的学员Z老师向我咨询一个问题：她受邀给一家企业讲商务礼仪，机构要求老师全程采用"学员演练"的方式，也就是说对于每一个环节，都要让一百多位学员上台演练。这样一来，时间控场和现场控制就会出现问题。我告诉Z老师，学员演练是应该的，但并不是所有的内容都需要全员演练，针对某些内容让学员代表上台依然是演练。最后Z老师采纳了这个建议，取得了很好的效果。

对于演练环节，控场是基本要求。

（9）分组竞争法

把学员分为几个组，进行竞争。分组竞争是户外拓展培训、情境训练以及情境高尔夫这几种培训模式的主要特征，也属于一种教学模式。只不过互动中的分组竞争只是针对某个环节设立的，而户外拓展、情境训练、情境高尔夫等教学模式中的分组竞争是贯穿整个培训的。

分组竞争是提高学员参与性非常好的方式。虽然并不是每种培训都必须用这种方式，但如果可能还是尽量要采用。分组竞争最重要的是善于控制，培训师要善于把控局面。

在TTT培训中，我建议老师们无论是讲授知识类、态度类还是技能类的内容，都尽可能分组，一旦形成分组，大家的参与性一下子就会提高。情境高尔夫之所以每次都能取得很好的培训效果，分组竞争是原因之一。

有一次，给某移动公司培训结束后，学员在智慧墙分享到："参加过N次各种各样的培训，这次培训的收获是最大的，所有的学员都在为争取'小红旗'而努力。"这里的小红旗就是分组竞争中激励大家的奖品。

需要注意的是，分组竞争中的"奖品"要经过专门的设计和考量：

第一，不能太轻。如果奖品对大家没有多大意义，他们会产生"上当受骗"的感觉。

第二，不能太重。运用竞争的最主要目的是吸引大家参与其中，竞争只是一种手段，而不是目的。如果奖品太重，会产生负面影响：首先，会导致大家在整个过程中太专注于输赢而忽视内容，这样表面上的"热闹"会淡化主题，甚至阻碍培训顺利进行；其次，培训结束后，可能还有学员对奖品耿耿于怀，甚至找培训师纠缠。

因此，我通常采取"精神激励+物质激励"的方式，同时注意"前重后轻"：在培训前期，我会宣传竞争、宣传获胜方奖励"神秘奖品"，给大家以期待，激励大家积极参与，但是到了快要结束的时候，又开始淡化竞争、淡化奖品，让学员把期望值降低。到最后，精神奖励通常是——大家把掌声送给第一名的伙伴；物质奖励是我创作的一本书，获胜小组只有一本，送给组长，另外附上一大包糖果、巧克力，并号召获胜的小组与其他所有学员一起分享。这样获胜的一方很开心，没有获胜的也不至于太失望。

记住，奖励的目的是带来正能量，错误的奖励会带来负能量。

（10）现场测试法

培训现场不是老师唱独角戏，要吸引学员参与。现场测试法就是其中一种，既能让学员通过现场测试掌握相应内容，又能给培训现场提供新意、缓解疲倦。

现场测试法的运用很广，知识类、态度类、技能类的主题都可以用。相对来说，智力类、趣味类测试是最受学员欢迎的。

注意：

①**要注意测试时间**。毕竟测试只是培训的内容之一，培训不是考试，所以测试时间不要太长，通常一次测试控制在 30 分钟之内。

②**测试前要讲解**。培训师要对测试内容进行讲解，介绍背景、操作方式和注意事项等。

③**测试后要进行相应的阐释**。如果测试后没有阐述具体含义和内容，会导致学员留有疑惑。

④**不要经常测试**。通常可以半天测一次，一天最多测三次。

培训师要尽可能采用现场测试的各种方法。在鹰隼计划南京班中，万英老师主讲心理学，在授课演练过程中，她采用了心理学中经典的"房—数—人测试"，很受大家欢迎。

测试题的内容来源有两种：一种是需求调查问卷中的调查内容，可以放在培训的过程中进行；另外一种就是将某个讲授的内容设计成测试题，在授课中进行测试，然后做相应的讲解。我在"情境高尔夫"课程中，基本上每半天就有一个相应的测试，这样既将培训和测评有效地结合在一起，同时又能唤起大家的兴趣。上午我通常会做 DISC 人格特质测试，一测试，大家都积极参与其中了。

（11）发放资料法

在培训进行过程中，有些环节可以发放资料，既可以提供更多的背景介绍，又可以让培训现场富有新意，缓解学员的疲劳。

发放的资料可以是案例、图表、图画甚至白纸等。资料发放要注意以下几个事项：

- 要把资料准备好，培训师可以和助教配合，提前做好安排，免得现场混乱，同时资料要多准备几份，防止临时缺少。
- 先进行背景介绍，告诉学员发资料的用意。
- 资料分发完毕，要介绍资料的操作要求。

每次在TTT培训中，都会遇到这样的问题：制作PPT，不能有大段大段的文字内容或者某些数据资料，那该怎么办呢？通过发放资料就刚好可以解决这个问题，既可以提供详细的资料，又能给培训现场换一种形式，防止学员注意力不集中。

有一次在广州听一位老师讲课，他将案例放在了PPT中，但是由于案例太长，需要好几张PPT，结果当老师翻页的时候，台下就有学员提出来自己还没有看完。这样就带来了混乱。解决方法其实很简单，就是将案例制作成资料，现场发放给学员。

另外，前面的现场测试法，最好也采用发放资料的方式，现场给大家测试。

（12）故事笑话法

这是最常见的方法。故事是案例的一种形式，也是贯穿培训始终的内容。

笑话是故事的一种。简短而有趣的故事就是笑话。

讲故事或者笑话是培训师必须具备的重要能力和手段，甚至是一个硬指标，这样会活跃现场的气氛，增加课程的吸引力。这一点往往是普通的内训师和优秀的职业培训师的重要区别之一。很多内训师通常缺乏这种能力，这也是其培训缺乏生动性和吸引力的重要原因。

讲故事，尤其是讲生动的故事，对我是一个相当大的挑战，我当初刚刚进入这个行业时，花费了很长时间练习"讲故事"。我开始给我侄儿讲故事的时候，还没有讲到一半，7岁的小孩子就说："幺舅，算了，你不要讲了，太难受了，我难受，你也难受，冰激凌我也不吃了，咱们出去玩吧。"后来直到将冰激凌换成了肯德基，我才赢得了讲故事的机会。

（13）现场奖励法

现场奖励法通常是和其他几种互动技巧结合使用的，就是当学员完成某个项目后，立即给表现突出的学员某种奖励。

为了活跃现场，我通常会以发棒棒糖的方式，给那些积极回答问题、积极参与活动、积极上台演示和进行角色扮演的，以及PK获胜的学员一些奖励。

现场奖励中，精神奖励重于物质奖励，这些"有趣"的奖励，其目的是为了增加气氛，激发参与性。

前面讲了13种方法，有些方法是相似的，有些是关联的，需要组合运用。除此之外，还有更多的方法，在微博或者QQ群里，很多优秀的老师都会总结分享一些方法，这些方法只要符合互动的原则，能够帮助学员学习和掌握培训内容，都是可以的，只是需要掌控好。

有一次在北京的鹰隼训练班中，一位学员唱着歌开场，一看就是I型的学员。我当时并没有立即评价，因为我知道I型的人一定会念念不忘，果然，后来他终于忍不住问我："段老师，像我这样唱着歌开场可以吗？"我说："当然是可以的。"

此外，需要强调的是，互动是培训的辅助手段，是为培训服务的；互动是形式，是为内容服务的。决定培训效果最根本的因素还是在于内容，在于课程本身，不能太强调技巧这些"外在"的东西。我在TTT培训中，经常强调"如果没有内容，这些技巧就变成了伎俩，除了花哨外，没有任何意义"。因此，培训依然还是"内容为王"。

注意：以上各种方法除了前面提到的要求之外，还有非常重要的一个要求就是"新"，一定要有创新，无论是活动、游戏、角色扮演，还是语言引导、道具运用等，都需要不断创新，如果学员已经"玩"过了，不仅不会有热情，反倒可能会捣乱。因此，培训师一定要不断地更新，不断地发展。只要符合前面所讲的原则，就可以大胆运用。

四、关于现场互动的答疑及工具

1. 关于现场互动的疑问

疑问1：培训现场需要什么样的气氛？

与主题基调一致的气氛是最合适的,并不是越活跃越好,一定要记住主题。如果是以娱乐性为主的,要放松；如果是以技术性为主的,要注意细节；如果是以制度为主的,要强调严谨。

疑问2：什么叫良好的课堂氛围？它的标准是什么？

能吸引所有人参与的氛围就是良好的氛围。

疑问3：营造良好氛围的主要责任人是谁？是培训师还是培训组织者？

严格意义上讲,营造良好的学习氛围是培训师当仁不让的责任。同时,培训的组织者也承担着非常重要的职责,其主要职责是做好后勤工作,包括交通、饮食、住宿、课件、休息的茶点等。

2. 关于现场互动的工具

工具：现场互动检测

> **工具模板**

运用范围：所有培训

目的：增强学员的互动性和参与性

适用对象：培训师、培训主管

现场互动检测表

	考核项目	标准分数	扣分	实际分数
互动效果	1. 关注学员	15		
	2. 设问技巧	10		
	3. 提问技巧	10		
	4. 回答疑问	10		
	5. 互动方式	10		
	6. 现场气氛	15		
	7. 学员投入	5		
	8. 学员配合	10		
	9. 时间控制	5		
	10. 临场应变	10		
	总计	100		

说明：本工具是用来检测现场互动效果的，同时，培训师也可以按照这些要求预先设计互动环节。

本章小结

1.学习要点

互动的原则和具体操作方法。

2.课后作业

拿出自己的课件，用金字塔原理将课程结构化，然后为自己的课程设计互动方法，并相应地标志出来。

培训师21项技能修炼
精彩课堂呈现

第四章 | 灵活应变
现场控制的方法和技巧

ADDIE小贴士

互动是很多培训师都在运用的方法,但这并不能确保学员都会积极参与进来,更不能确保培训会一帆风顺。相反,有时互动还会带来麻烦,就是场面失控。因此,控场能力是培训师必备的能力。高效的控场能力既有助于培训顺利进行,又能锦上添花。控场是指对培训现场的控制,而不是对人的控制。控场的目的是确保培训顺利进行,而不是让培训师高高在上,唯我独尊。控场的关键点是尊重,尊重赢得尊重。你尊重学员,尊重他人,自然会赢得尊重。

一、现场失控的表现

1. 现场失控的典型案例

情景描述

一家培训机构请我去给某上市医药公司做TTT,但是该医药公司一直没有确定时间,等确定时间的时候,我已经安排去了上海,这家培训机构只好请了另外一位培训师去讲课。

这个TTT要讲两天,第一天晚上6点,培训机构给我打电话,说那边培训出了问题,学员在现场闹意见,直接原因是案例的选择不匹配,因为这位老师对医药行业不太熟悉,所以选择的更多是零售、汽车行业的案例。实际上这只是导火线,更主要的问题是,当学员提出案例的时候,这位老师和学员发生争论,产生了激烈的争吵,导致培训中断,该企业的人力资源负责人要求换老师。

这家培训机构请我立即赶回去救场,但我订的机票是第二天上午的,当天晚上根本赶不回去。于是我和那位老师进行了沟通,建议他第二天少讲,主要让学员演练,他更多是进行指导。第二天下午,我赶到培训基地,与该企业的HR总监进行了沟通,在考核前给学员做了30分钟的整体指导,学员上台演练,立即获得了很好的效果。后来给这家企业又做了两期TTT,建立了很好的关系,至今都保持着良好的合作。

客观地说,这位老师是一位非常优秀的职业培训师,在销售方面有很多实战经验,但就是控场方面存在不足,缺乏一些控场的技巧和灵活性。

2. 现场失控的常见场景

科学地控制场面是保证培训顺利进行的必备措施，是培训师必须具备的一个重要技能，也是评估培训的重要标准之一。

衡量控场的标准是：你可以允许学员保持自己的观点，但是必须保证学员能够听你讲下去。

也就是说，对于任何一个主题，每个人都会有自己的观点和看法。一个培训师不能保证让每个学员都接受自己的观点，但是必须确保自己的主导地位，绝对不能失去对整个场面的控制。

但是，在现实的培训中，我们经常能够看到以下几种场景：

• 培训师在讲台上讲自己的，学员在台下做自己的——看书、看报纸、发短信、接听电话、聊天、睡觉、随意走动等，最终成了培训师唱独角戏，一个人在台上表演。

• 学员就某个观点和培训师发生激烈的争论，双方争执不休，直到时间到了还没有结束，导致培训师无法进行后面的课程，培训不了了之。

• 培训师引导大家进行讨论，结果学员之间出现激烈的争论，全体学员分成针锋相对的两派，培训师无法结束该课题，只能任凭大家争论下去。

• 培训师无法正确处理问题，比如，要么没有人提问，要么培训师成为"被告"，被学员的一系列问题难住。

• 遇到意外。培训过程中经常会发生意外，比如，突然停电、电脑坏了、投影仪不匹配、学员进进出出、忘词、摔跤等一系列问题，经验不足的培训师面对这些意外情况往往会手足无措。

• 维持纪律。培训师或者培训管理者为了维护课堂纪律，采用了一些不太合适的方式，不但没能控场，反倒带来负面影响。

在鹰隼训练班中，学员L讲了一个案例：

那次他们请了一位老师讲MTP，第二天早上，有几位学员迟到了。那位老师的助教很强势，是个DC型，要求迟到的几位学员做俯卧撑，但是其中一个大D的Z姓学员带头反对，说"昨晚空调温度太低，感冒了"，双方僵持不下。作为该公司人力资源总监的L配合了老师，要求迟到的几位学员做了俯卧撑。后来那位带头大哥Z中途就找借口离开了，不仅如此，他还把他们那一组的同事全部带走了，说是要加班。

这就是缺乏控场技巧和方法的典型表现。

二、控场的管理学原理和失控的原因

1. 控场的管理学原理

（1）"三三三"法则

"三三三"法则也适合于控场。如前所述，培训师如果上台的三秒钟内就吸引了学员，那么学员就会听培训师讲三分钟；如果这三分钟内能够进一步吸引学员，学员就会听三个小时甚至三天。所以培训师一定要非常注意自己的专业形象，尤其是第一印象。这对整个培训的控制起到非常好的作用。

（2）权威暗示效应

学员会依据培训师的某些表现来判断对方是否权威，而一旦培训师建立了权威，就会在学员中树立威信。培训师要善于利用权威暗示效应提升自己的权威，达到控场目的。

2. 场面失控的6种原因

为什么培训师控制不住场面呢？归纳起来，通常是以下几个原因：

（1）主题不符合需求

这是最重要的原因之一。由于培训师所讲授的主题与在场的学员无关，或者所讲的内容无法满足学员真正的需求，不能真正帮到学员，学员自然对这个主题失去兴趣，培训师就如同对牛弹琴，当然没有效果。如果培训师多一些控场技巧和互动技巧，倒还可以吸引一部分学员参与，但终究不是最好的办法。

这就好比一个4个月大的婴儿，因为饥饿一直在哭泣，无论父母想再多的办法——给他穿衣服、拿玩具给他玩——这样做只能蒙一时，孩子的饥饿问题没有解决，他会一直哭下去的。

所以，主题符合学员的需求，是一切培训的基础，也是控场的基础，失去这个原则，再多的控场"技巧"就都变成了"伎俩"，失去了真正的意义。

在鹰隼计划山东班中，有位学员是某服装公司培训总监，他讲了这样一个案例：

有一次，他们请一位老师讲"柜台陈列及销售技巧"，一共是两天的课程。第一天上午，老师讲了半天，他们就发现有问题，感觉这位老师关于服装行业尤其是柜台的销售及陈列等内容讲得不是太清楚，以为是老师表达有些问题，于是他们老总亲自上台，告诉老师："下午的课程您就不需要讲太多，知识方面我来讲，您就在现场做演练，告诉学员服装具体该怎么陈列、摆放。"但是整个下午，老师都没有做好，最后，企业不愿意了，要求培训机构必须换老师。这个老师只好连夜离开。

（2）学员的原因

培训场面失去控制，还有一个重要原因是来自学员，包括学员的个人素质、专业经历、工作岗位、学习态度、个性差异等。正是基于这个原因，才允许每个学员有自己的观点，不要幻想每个学员都赞同或者认可培训师的观点，不要期望培训师的每个笑话都可获得每个人的掌声。

因此，控场的标准是"确保培训顺利进行"，而不是"确保说服每个人"。

这就要求培训师在尊重每个学员个性差异的情况下，采取有效的措施确保培训顺利进行。

(3) 组织后勤缺乏保障

任何一场培训的顺利进行，除了培训师和学员以外，培训前期的宣导和安排、培训现场的后勤保障都是重要的因素。尤其是培训现场的辅助和服务，对培训能产生非常大的影响。培训现场的辅助因素包括场地、音响、灯光、学员的饮食和住宿等。

我在深圳的一次培训，曾经遇到过这样的事情：当时是TTT的公开课，时间是3天，第一天还比较顺利，到了第二天下午，上课时间已经过了半个小时，还有一批学员没有到。后来才发现，原来他们来自北方，培训机构安排的饮食不符合他们的口味，中午他们自己出去找吃的去了。

(4) 主讲者控场技能不足

事实上，在多数情况下，场面失去控制，是因为培训师控场技能不足。在任何时候，都不能保证主题是符合每个学员需求的，也不能保证每个学员都是谦虚好学的，更不能保证辅助设施一点纰漏都没有，就是在这样一个"不完美"的情况下，才需要培训师的控场技能。

(5) 不会正确处理各种意外情况

对培训失去控制，还有一个重要的原因是，培训师不会处理培训过程中遇到的各种意外情况，这些都需要培训师具备专业的技能。

(6) 没有认识到控场的意义和价值

对于控场，理解不一样，采用的方式也不一样。D和C型个性特质的老师认为控场非常重要，是确保培训顺利进行的必备手段。同时他们认为控场就是维护老师的权威，因此喜欢采用某些强制的方式。相反，以I和S型个性为主的人认为：压根就不需要控场，更不需要强制手段，何必搞得大家都不愉快。尤其是S型的老师，基本上不控场，导致场面混乱，影响了培训效果。

三、合理控场的原则和方法

1. 有效控场的3个原则

(1) 正确的心态

培训师应该保持正确的心态,来对待学员和培训中遇到的问题。

正确的心态:是战友不是对手。

所谓战友,就是指我们不一定是朋友,但一定不是对手,我们为了同一个目标而站在一起,尽管我们有冲突,但是我们必须求同存异,共同完成本次的目标——保证培训顺利进行。

如何正确认识培训过程中培训师和学员的关系?这是一个非常有争议的话题。

①**伙伴关系**。这种观点认为:既然培训师和学员都在培训现场,都付出了时间和精力,目的就应该一致——培训师是为了帮助学员,学员来学习也是为了提高自己,因此应该是伙伴关系。

实际情况是,就算大家目标一致,也未必就是伙伴,更不可能非常融洽。如果目标一致就能保证关系是融洽的,这个世界就没有冲突了。

②**对立关系**。这种观点认为:培训师和学员是有冲突的对立关系。这基于他们站在不同的角度——培训师站在老师的角度,是在教;学员站在学生的角度,是在学。培训师要么代表老板的利益,要么是老板花钱请来"收拾"员工的。这里指的是内训,即企业请外面的老师来给企业内部员工做培训,通常培训费用由企业承担。

还有的人认为,培训师是乙方,是收钱服务的;而学员是甲方,是付费享受服务的。这种"甲方乙方"也是一种对立关系。

③**战友关系**。我认为,培训师和学员之间是目标一致、利益相关的战友关系。他们确实存在冲突,需要协调,这就需要培训师掌握控场技能。培训师和学员之间可以不是朋友,但一定不是敌人,而是战友,是兄弟连,不管以后怎么样,在这次培训过程中,必须团结一致,共同实现目标。

（2）战略上藐视，战术上重视

面对培训现场遇到的问题，培训师要做到战略上藐视，战术上重视。

战略上藐视：在心里告诉自己，不会有什么问题的。因为第一，培训的主题经过了需求调查，符合学员的要求；第二，这帮学员都很优秀，上进好学；第三，大家目标一致，是友好的；第四，我已经做好了充分准备，就算遇到什么问题，也都是纸老虎，一戳就破。

战术上重视：充分做好准备，随时有效应对各种挑战和意外，锻炼和提升控场技能，在现场充分展示。

（3）专业第一，技巧第二

控场是为了确保培训效果。真正确保培训效果的是培训师的专业性，如果培训师的专业性能到达一定高度，很有技术含量，那就不需要什么控场技能，因为靠专业性就可以征服学员，不需要技巧性的东西，即所谓的"无招胜有招"。所以学习和运用控场技能，是培训师的"外功"，是"武器"；而提高培训师的专业性，不断研究开发课题，在课题的深度上下功夫，才是真正地修炼"内功"。

2. 高效控场的8个方法

（1）区别对待法

学员通常分为3种类型：

①**支持者**。他们是老师的积极支持者，在现场认真听课，做笔记，和老师互动等。他们要么是对主题感兴趣，要么是对老师很尊敬，要么本身就上进好学。总之，他们是老师的支持者，坚定地站在老师一边。

②**反对者**。他们要么不遵守课堂纪律，要么不和老师互动，要么挑战老师，要么鼓动他人起哄。总之，他们不想让培训顺利进行。

③**中间派**。他们既不像支持者那样认真学习、听课、和老师互动，也不像反对者那样捣乱、挑战。他们就像局外人，作为旁观者看待发生的一切，两眼呆滞，心思游离。

培训师如何正确对待不同的学员？引领支持者，挑战反对者，引导中间派。

培训师一上讲台，首先就是快速区分学员，然后采用以下方法：

首先是引领支持者，要在支持者那里获取更多的信心和支持，让支持者更加积极地支持你，成为你的"粉丝"。因此，培训师最开始要关注支持者，多和他们互动，多引领他们。引领的方法是：面带微笑地关注他们，给他们更多的正面回应，表扬、赞美、鼓掌、激励他们，开无伤大雅的玩笑。

等到信心足够的时候，在你最拿手的地方，挑战反对者。

在培训现场，那些反对者通常是"欺软怕硬"。他们不支持，并不是因为和培训师有深仇大恨，只是不想轻易就认同，一旦培训师呈现了自己的专业性，展现了自己的实力，反对者也会慢慢地接受。

挑战的最好方法是提问。看到某个学员一直在嘀咕或者跟旁边的学员说话，你可以提出一个问题："我刚才讲到了一个主题，看来有位学员有自己的不同见解，那么我们有请这位伙伴给大家阐述一下。"这时候，学员通常略显尴尬，"我没有不同见解，我和你的意见是一致的"，既然一致了，那还有什么可说的呢？慢慢地，也许他不会成为你的支持者，但至少不再是反对者了。

需要注意的，发出挑战的时候，你最好用"糖衣炮弹"，这样才不会引起激烈的反弹。询问的时候，态度要尽量友好，至少要让其他学员感觉到你是友好的，如果你用"红衣大炮"，不仅会让对方激烈地反抗，也许还会让你的其他支持者倒戈。

记住，就算是反对者，也是战友，不是敌人，也属于"内部矛盾"，不是"敌我矛盾"。

至于应对中间派，就比较简单，他们是可以争取的对象。把反对者都搞定了，何愁中间派不支持？对他们多一些关注，多一些引导，多用正面的激励，多一些互动，他们也会支持你的。

区别对待是第一个方法，但是，就算把所有学员都转变为"粉丝"，就算大家都认真地学习和配合，也不能保证学员的这种状态能持续很久。在一天，或者连续两天、三天的长期奋战下，可能出现各种状况，培训师需要采用多种控场的方法和手段。

(2) 提问法

提问能有效集中学员的注意力,因为谁也不愿意当众回答错误,尤其是回答一个不太困难的问题。

当课程进行时间长了,有些人注意力不太集中,或者场面有些混乱的时候,培训师可以向大家提问。这时,大家都会停下手里的活动,把注意力放在培训师身上,要么在思考问题,要么在等着培训师给出答案,当然积极配合的支持者会主动回答。

注意:

- 所提的问题是正在进行的话题,太突兀的问题虽然会引起大家的注意,但同时也会把大家搞蒙。
- 问题不要太难。此时提问的目的是集中注意力,引起大家的重视,而不是有意识地找学员的麻烦。
- 不要紧盯学员。提问的时候,培训师的眼睛既要关注个别目标学员,暗示他要集中注意力,但是也不能盯着某个学员看。针对性太强的问题,有可能被理解为挑衅,会让人很尴尬,有可能引起反感。

(3) 身体靠近法

在课程进行中,发现有个别学员开小差,比如发短信、说话、接电话、瞌睡,培训师可以一边讲课,一边慢慢地靠近目标学员,直到他恢复正常。通常,当培训师离学员越来越近时,目标学员自己会发现,就算没有发现,身边的学员也会提醒他。大多数情况下,培训师还没有真正靠近学员,学员已经意识到了,问题已经解决了。但是也会遇到特殊情况,目标学员一直没有反应,那么可以站在学员旁边多待一会,等待他恢复正常。

运用身体靠近法需要注意以下几点:

- 走路的速度不要太快,不要直接冲向目标学员,而是缓缓地、若无其事地靠近学员。
- 声音不变。靠近的过程中,声音不要停止,保持正常的速度,边讲边走,慢慢地靠近学员。

- 眼光不变。不要紧盯目标学员,要让大家感觉你是给大家讲课,而不是给某个学员讲课。

(4) 转移话题法

如果课堂上的某个观点引起了大家激烈的争议,场面有些失控,剩下的课程无法顺利进行,那么你可以采用话题转移法,建议大家"搁置争议",进入下一环节。

有一次给某集团公司中高层做"情境高尔夫——向下管理"的培训,在进行到第七洞"员工关系"时,现场的两个小组就发生了激烈的争论,双方PK了三个回合,还没有结果。

规定的PK时间到了,我总结发言道:"大家争论得非常激烈,几位代表给大家上演了'吕布大战三英雄'的好戏,非常精彩。大家把掌声送给他们。"

(掌声过后)我接着讲:"我们在课程最开始的时候,就给大家强调了情境高尔夫的规则。其中之一就是'管理没有标准答案',这正是管理的魅力所在,也是我们情境高尔夫的魅力所在。不同的情境,可以采用不同的管理方式。我们需要得到的并不是某个标准、权威的结果,并不是纠结于个案,而是在应对的过程中,学会如何思考,因此,刚才这个话题咱们就到此为止。我们把掌声再次送给他们。接下来我们进入'情境高尔夫——向下管理'第八洞'晋升管理',看看应该如何应对和处理下属提出的晋升要求。"

大家立即响起掌声,PK的几个学员也高兴地进入新的课题。

(5) 强调秩序法

当培训师发现课堂秩序比较混乱的时候,可以停下手里的课程,重申一下课堂纪律,这时,大多数人都会安静下来。当你重申纪律后,绝大部分学员都会遵守,毕竟大家是来学习而不是找茬的。

强调秩序的方法通常不要多用,能不用就尽量不用。如果一个培训师经常强调秩序,只能说明这个培训师控场技能不够,同时也暗示整个课程不够精彩。所以除非特殊情况,否则尽量不要用该法。

当然,这个方法可以由其他人使用,比如培训师的助理,在每次上课前强调一下培训纪律,显得很正式;或者培训组织者在培训前和培训中途上台来强调,但是都要尽量避免打断课程。同时,强调纪律也要注意语言表达。

刚才大家表现得都很不好,没有认真听老师讲课,这里我再次强调一下纪律,希望大家好好遵守,以保证培训顺利完成,大家好回家。

大家刚才表现得很好,但是我相信,可以表现得更好。因此我重申一下课程纪律,相信大家一定可以做得更好,让我们的培训取得最好的效果,我们也好高高兴兴地回家。

上面哪种方法更好?诸位一看便知。

(6) 形式转换法

形式转换法指的是改变授课方法。每种授课方法都有优劣之分,再好的方法,多了也会让人疲乏。在培训过程中,如果发现大家都对这种方式有些厌倦,注意力不集中,场面有些混乱,那么在不影响主题的情况,可以转换培训方式,以控制场面。

有一次给某银行做中高层管理技能培训,我采用的是"情境训练"培训模式,按照情境训练的流程,第一步应该是军训,整顿作风,提高注意力。这次军训是刚来的一个转业军人组织的,效果不是很理想。等大家军训结束进入教室,进行第二个环节"理论讲授"的时候,我刚上台就发现,整个教室气氛不是很好,纪律有些混乱,大家的注意力也难以集中。我果断地决定重新来一次军训。

采用形式转换法时要注意以下几个事项:

• 选用的培训模式要合理。要选择合适的培训模式,前后要连贯。
• 模式转换不要突兀。突然蹦出一个新思路、新模式,会让大家难以接受。

• 要掌握合适的时机。转换模式要不露痕迹，在课程内容上保持一致，让学员感觉培训师不是因为想控场而采取行动，而是根据内容安排预先就有的，使大家感觉培训师胸有成竹，一切尽在掌握。

（7）及时奖励法

奖励能够带来正能量，不仅可以把挑战或者冲突化于无形，同时还能起到促进作用。面对学员的质疑或者争议，不是去辩论，也不是用老师的权威去打压，而是用奖励的方式激发出更多灵感，收到更好的培训效果。

情境高尔夫培训模式的基本设置就是，首先设置一种具有某个问题性的场景，然后提供四种方案，引导学员讨论，而这四种方案都不是完美的，都存在某种不足。这样，在培训中，我经常会遇到学员的挑战。

有一次，我给河北电力做"情境高尔夫——领导团队"培训。针对某一洞，一个学员说："我觉得这4个选项都不是最优，都存在某种问题。"对此，我回答："好，有见地，那么你觉得还有没有更好的方式？"学员说出了他的见解，就是将4个选项先后连接起来。我没有反对，而是赞许："好，这位学员说得很有道理，这就告诉我们，在面对问题时，单纯的某个方法也许并不是最优的，要解决问题，就要多角度去思考和设计。这也是情境高尔夫课程的魅力所在：在这里并不提供某个所谓的标准答案，相反，我们是激发智慧，多角度、全方面去寻找解决问题的思路和方法。好，大家掌声来鼓励这位伙伴，同时再奖励他一面小红旗。"采用这样的方式，不仅使这位"挑战"的学员不再纠缠，而且激发了其他学员参与的积极性。

（8）紧急停止法

这种方法是没有办法的办法，如果前面7种方法都不能奏效的话，就采取这种方法。当场面失去控制非常混乱，或者发生重大意外的时候，例如突然停电、电脑死机等，可以中断培训。

注意：

• 保持风度，无论遇到什么状况，培训师都要保持冷静，不要惊慌和失态。

•培训可以中断,但不是结束、终止,因此一定要有一个完整的结尾。有关结尾的方法,参见《培训师21项技能修炼——课堂开发》第八章相关内容。

记住:"三十六计,走为上计",但"走"不是"逃跑",更不是"溃败",而是"撤退",是"战略性放弃"。走也要走得有姿态,永远要保持从容的姿态。

3.提升控场技能的4个方法

前面提到了8个控场技能,如何让这些技能更好地发挥作用呢?如何提升控场效果呢?注意以下几个方法:

(1)树立良好的第一印象

培训师刚一登台,就给学员树立了良好的形象,一下子就把大家吸引过去,一出场就掌控了局面。

利用"三三三"法则,这里有两个要求:第一是专业形象,第二是"一鸣惊人"的开场白。

(2)树立权威

即利用权威暗示效应树立权威。虽然现代人不迷信权威,但还是对权威比较尊敬的,尤其是在公开场合,虽然内心深处未必以为权威,但至少表面上不会直接反驳。因此,培训师要懂得树立权威,通过权威来达到控场的目的。

树立权威还可以分为几个方法:

①**专业权威,即专家**。就是利用专业性去树立权威,用专业内容真正征服学员,达到控场的目的。这是权威真正的来源。

②**身份权威,即名师**。就是你通过某个身份、某个光环来树立权威。因此,很多培训师给自己包装了许多身份、一大串头衔。需要注意的是,

有头衔可以,但一定要保证名副其实。如果学员发现你的身份或者头衔名不副实,结果会适得其反,引起学员的强烈反弹。通常来说,在上台前的专家介绍中,培训师的身份最好不超过 3 个,而且这 3 个头衔必须与所讲主题一致,这样将专业权威和身份权威结合起来,才能提升权威。

(3) 借助权威

专业权威、身份权威是针对有一定资历的培训师,那么对于那些刚出道的职业培训师或者内部培训师来说,戴上前面两种"帽子"显然不现实。那么如何树立权威呢?就是借助权威,即借助其他人的权威来树立自己的权威。

如何借呢?

①借名。也就是和一些知名的人"攀亲"。比如你和某某知名企业家有过合作,有私交,或者你是某某知名培训师的学员或者朋友等。这种攀亲存在风险,因为人们大多对此反感。

②借专业。也就是借助和引用某个知名人物说的话来树立自己的权威。比如讲营销的课程,你可以引用科特勒的话。

需要注意的是,借助权威时一定要记住,借助的是"真正的权威",而不是有争议的权威,否则,引用错误反倒会给培训师带来麻烦。

(4) 提升气场

气场是一种无形的力量,也是培训师的魅力所在,更是培训师控场的基础。一个气场强大的培训师,其实是不需要多少控场技巧的,靠气场就可将各种挑战化为无形。

四、关于控场的答疑及工具

1. 关于控场的 3 个疑问

关于控场,业界存在一些争议,或者说有一些疑问。

疑问 1:培训师需要控场吗?培训师需要更多地专注于主题和内容,是否需要控场这些外部手段?

控场其实也是为主题服务的。控场是为了确保培训顺利进行,不是为了控场而控场,也不是为了显示培训师的权威而设立的。记住,控场的目的只有一个,就是确保培训顺利进行。

疑问 2:控场的对象是谁?即控制谁?

表面上看,一般提到控场好像是"培训师控制学员",持这种观点是把培训师和学员当成了对立面,所谓控场就成了培训师控制学员的一种手段,这样就会造成培训师和学员身份不平等,从而引发冲突。

实际上,在整个培训中,培训师和学员在人格上是平等的,只是角色不同。所谓控场,并不是培训师为了控制学员而采用的手段,而是为了确保培训顺利进行所采用的一些控制现场的手段和方法。控场是"控制现场"的简称,不是"控制他人"的简称,记住"控场"不是"控人",是"对事不对人"。

疑问 3:谁在控制?

表面上看,实施控场的主体是培训师。实际上,培训师固然是实施控场最重要的角色,但是同时,想要获取良好的培训氛围,培训管理者和组织者依然有很重要的作用。前面提到的影响现场的因素中,其中之一就是培训后勤保障。因此,培训管理者对控场也是责无旁贷。另外,学员也是维持培训现场秩序的重要力量,优秀的培训师往往能够很快和学员建立融洽的关系,形成战略联盟,共同控场,以确保培训顺利进行。

2. 关于高效控场的工具

工具：控场技能测试

工具模板

运用范围：所有培训

目的：保障培训顺利进行

适用对象：培训师、培训主管

控场技能测试表

	考核项目	标准分数	扣分	实际分数
控场技能	1. 学员参与性	15		
	2. 区分学员	10		
	3. 控场的方法	10		
	4. 应对挑战	10		
	5. 处理异议	10		
	6. 现场纪律	15		
	7. 学员投入	5		
	8. 学员配合	10		
	9. 培训连贯性	5		
	10. 应急措施	10		
	总计	100		

本章小结

1.学习要点

控场的意义、原则和具体方法。

2.课后作业

为自己的课程设计控场方法，熟练运用常见的控场方法。

第五章 迎刃而解
处理问题的专业技巧

ADDIE小贴士

　　有了精彩的互动，加上高效的控场技巧，也不一定就能确保培训顺利进行。问题总是不期而至，整个培训就是不断发现问题、解决问题，并实现目标的过程。所以，有问题是必然的，没有问题才是真正的问题。如何处理问题呢？第一是心态：把遇到问题当作必然，不要幻想培训会一帆风顺；第二是正确的方法：解决各种问题的方法只有一个，就是"用问题解决问题"。

一、处理问题不当的常见表现

1. 处理问题不当的典型案例

情景描述

一位TTT学员讲了自己经历过的一件事:

几年前参加一个公开课,主题是"管理技能"。授课老师有丰富的实战经验,同时也有很多培训技巧,现场取得了很好的效果,这位老师也非常兴奋。就在培训即将结束的时候,他意气风发地讲道:"一个优秀的培训师,要善于回答大家的问题,这是衡量培训师的重要标准。很多培训师在培训结束后,匆忙收拾电脑走人,不敢给大家留提问的时间。我通常会留30分钟的时间来回答大家的疑问。现在,就到了大家提问的时间,请大家踊跃提问,我将回答大家的问题。"

开始有几位学员非常配合,提了几个与主题相关的问题,老师回答得非常精彩,也博得了大家的掌声。这位老师更加兴奋,清理了一下嗓子,加大声音,说道:"刚才几位学员提了问题,提得非常好,我相信大家还有更多的问题,请大胆地提出来,你们可以提任何问题。"

"可以提任何问题",这话一下子把很多人给镇住了,"太厉害了,看来这位老师是无所不知",这么一来,谁还敢提问呀?

老师一直在台上号召大家积极配合,一副放马过来的样子。停留了几分钟,终于有一个学员举手问道:"老师,请问,咱们中国什么时候能够举办世界杯?"

那时,全国人民正在积极期待2008年奥运会的到来,这个问题也是大家关心的。

老师:"这个问题……这个问题……我不是球迷……这个与主题无关。"

学员:"老师,你刚才不是说可以提任何问题吗?"

老师:"这个……这个……我……"

这时,二百多人的现场一下子就安静下来,很静,很静……

这位学员说,这件事情已经过去五六年了,当时老师所讲的内容基本上记不住了。给他留下印象的,只有两点:一是老师在台上踌躇满志地不停号召大家提问题;二是当这个问题被提出时,现场令人窒息的尴尬,虽然只有几秒钟。

这种现象不是特例,很多培训都存在这样的状况,前面的过程很精彩,就是最后答疑环节存在问题,虽然谈不上"功亏一篑",但是毕竟很遗憾。

2. 处理问题不当的典型表现

(1) 没有提问环节

比如,培训课程结束时间是下午6:00,培训师在下午6:00整结束内容,匆匆收拾电脑设备准备离开。这时候有学员要提问,结果培训师回答"对不起,没有时间了,等下次吧",然后气宇轩昂地离开了现场。

(2) 不能合理处理异议

没能有效解答学员的疑问或者化解学员的质疑,把很小的问题放大,从而带来更大的混乱。

有一位老师授课的主题是"时间管理",当讲完时间管理4个象限的时候,老师请学员提问。有学员提到:"老师,你刚才讲到要把'重要的事情'放在第一位,但是我觉得应该是把'紧急的事情'放在第一位,因为紧急的事情如果不及时处理,就会变成重要的事情,甚至可能会带来更大的负面影响。"老师回答说:"不是这样的,你这样理解是错误的。"学员力争:"我哪里是错误的?我觉得就是正确的。"老师也不甘示弱:"不对,你这就是错误的。"现场发生激烈的争论,导致后面的课程没有办法进行。

（3）冷场

培训师不懂得如何设计问题，不会掌握提问的时机，要么太过宽泛，要么与主题无关，没有人提问，导致冷场。

（4）场面失控

不断有学员提问，有时应接不暇，培训师像嫌疑犯一样，不停地回答问题，从而失去对场面的控制。

二、处理问题的管理学原理和作用

1.处理问题的管理学原理

（1）多米诺骨牌效应

多米诺骨牌是大家熟悉的一种游戏，如果一个环节没有处理好，就会产生一系列的连锁反应，在培训中也是如此。最能产生多米诺效应的就是"问题处理"，如果学员有疑问，而培训师最终没能给予解答，就会让学员对其他内容产生怀疑，进而否定所有内容。所以培训师必须学会解答疑惑。

（2）论证偏见原理

如果培训师无法有效地解答学员的提问，让学员心存疑问，学员可能就会怀疑培训师讲的其他内容。

（3）晕轮效应

某个环节没有处理好，导致影响其他环节。如果培训师没能有效处理某些问题，就会产生一些负面影响，导致学员对培训产生负面的评价。尤其是当学员有C型特质的话，影响更大。C型特质的学员往往吹毛求疵，同时也容易以偏概全，他们会因为培训师某个环节没有处理好，就会对其他内容做出负面评价。

2. 处理问题的作用

①让课程更完整。就算培训师讲得再好,也不会涉及所有问题,甚至在某些方面可能存在重大的遗漏,回答问题环节刚好可以弥补这个遗漏。

②升华主题。学员有疑问,要么说明培训师自己没有讲透,要么说明学员没能理解,正好可以通过问答环节,既解决学员的问题,又对某些重点内容进行重申,升华主题。

③丰富形式。问答可以丰富培训现场的形式,活跃课堂氛围。

三、处理问题的原则和设计问题的方法

1. 处理问题的3个原则

(1) 为主题服务

无论提问还是回答,一切都是为主题服务,因此,涉及的问题一定要围绕主题,一定要限定在"与主题相关"这个范围之内,防止跑题和节外生枝。

(2) 一切尽在掌握

在这个环节中,很容易失去控制,从而影响整个培训效果。培训师一定要牢牢把控主动权,在设计问题、回答问题的各个环节都要保持主导权,绝对不能失控,以免影响培训效果。

(3) 保持友好

问答这一环节很有可能产生冲突,因此,培训师自己首先要保持友好的态度,在各个环节上有效处理,防止激烈的冲突,随时保持"为人师表"的形象。

2. 设计问题的类型和方法

(1) 设计问题的类型

根据设计问题的时机，可以分为两种类型。

❶即时提问。就是在授课的过程中，当讲完某个环节，即将进入下一个环节前，可以针对这个内容进行提问。

我们刚才所讲的内容，是"管理者八项技能中"的第二项"目标管理"，针对这个主题，大家看有没有疑问，有的请举手提问。(通常在这里不需要回答太多的问题，如果遇到学员提的问题正好是下一部分要讲的，就刚好做个衔接。)

❷总结提问。就是在整个课程即将结束的时候，专门安排时间集中回答学员的问题。通常讲的"提问回答"环节指的就是这个环节。在这个环节，培训师遇到的麻烦和尴尬是"没有人提问"。比如，当你关闭PPT，兴致勃勃地等待学员提问、展示你最后风采的时候，却发现没有人提问。没有问题才是最大的问题，因此，你要善于设计问题。设计问题一定要在课程的讲授过程中提出，而不是讲完所有课程之后临时要求大家提问，这样会让大家措手不及。

(2) 设计问题的方法

那么，设计问题的方法有哪些呢？

❶提前告诉法。比如，你在开始授课的时候就告诉大家："今天我们安排了一个提问的环节，时间是今天课程的最后15分钟，到时候欢迎大家提问，让我们来共同解答。"

❷问题卡片法。比如，你可以说："今天我们安排了一个提问的环节，时间是今天课程的最后15分钟，欢迎大家提问，让我们来共同解答。现在，请我们的助教把问题卡片发给大家，大家把自己的问题写在上面，然后我就大家共同关心的典型问题做一些解答。"

问题卡片法需要注意的是：

• 要留一段时间。这既是给学员思考提出疑问的时间，也是培训师自己查看卡片、选择典型问题的时间。

• 要选择典型问题。培训师要选择大家共同关心的话题，或者多数人提出的话题，而不是回答卡片上所有的问题。当然培训师要对此做出解释："我们现在只回答大家共同关心的几个话题，同时我还发现了几个非常有趣的个性问题，这样的问题我非常乐意在课后进行交流。"

③**故意遗漏法**。当讲到某个内容的时候，不详细讲该内容，只做提示，告诉大家会作为问题来解答。

"培训师要有自己的风格，那么培训师如何形成自己的风格呢？这就是今天最后环节将要涉及的问题，请大家标注一下。"到了课程的最后："下午第一节课提到的培训师的风格问题，我相信在座各位都有类似问题。自身风格不一样，今后的培训道路也不一样，那么该如何塑造自己的风格呢？我给大家提供一个成长模型——GROWAY模型。"

④**准备问题学员法**。这个方法类似于找"托儿"。你预先私下找几个积极的学员，告诉他们，在课程的最后环节你需要他们"配合"一下，向你提问题。你甚至可以把问题直接给他们，让他们在适当的时候提出来。

这种做法好像有点"耍花招"。有丰富讲台经验和专业功底的培训师一般不用，但是对于某些培训新手却是没有办法的办法。

用这种方法有几个注意事项：

• 找对人。你必须找认同你、能够真正配合你的积极的学员，避免到了提问阶段，他们突然不"配合"了，给你一个措手不及。

• 防止露馅。设"托儿"本身就不雅，如果露馅了，那可就丢人丢大了。

想象一下这样的场景：培训师在号召大家提问，话音刚落，一个学员站起来说："老师，我有个问题，就是刚才休息的时候，你给我的纸条上的这个问题，但是不好意思，这里有几个字我没有认清楚。"相信谁都不希望这样的案例发生在自己身上。

如何高明地设"托儿"呢？

培训高手设"托儿"，可以做到不留痕迹。比如，在休息的时候，你主动和支持者交流，打个招呼，问一下名字，建立关系，然后问他："就前面的内容，你感觉我还需要做些什么补充，或者你有什么见解或疑惑？"通常，在私底下，大家更愿意提出问题，当学员提出问题后，你不直接回答，而是说："嗯，很好，你提出了一个很有意义的问题，我想其他伙伴也有这样的问题，等会儿在课程的最后，我专门设计了这样一个提问环节，你可以再次提出来，我来解答。"等到提问的环节，如果没有人提问，你就可以主动说："刚才在休息的时候，有位伙伴提出了一个非常有意义的问题，我相信其他伙伴可能也有同样的问题，现在我们掌声有请这个伙伴。"

⑤**自己设问法**。就是在大家都不愿意提问，或者提的问题并没有涉及关键点的时候，培训师自己抛出问题，作为解答。

第一，自己遇到的问题。

有次给某企业讲"经理人的沟通技巧"。我说："我们在前面讲到了沟通要双向沟通，但是我在工作中遇到这样一个问题，当我想双向沟通的时候，发现对方不想双向，尤其当对方是我们的老板的时候，该怎么做好双向沟通呢？我相信，这也是在座的各位伙伴共同的问题，那接下来我们来探讨该如何将单向沟通转为双向沟通。"

第二，私下和学员交流的问题。

这和上面的设"托儿"比较类似，所不同的是，这是培训师自己提出而不是由"托儿"提出的，有点类似于自问自答。

有一次在北京讲TTT，最后的答疑环节，我这样讲："中午吃饭的时候，有个伙伴问我，怎样尽快掌握学员的个性？我想这个问题也是大家在以后授课过程中都将遇到的问题，那现在我就来回答这个问题。如何尽快地区分学员的个性呢？可以用'望闻问切法'。"

需要注意的是，培训师要做个有心人，在课间休息或和学员吃饭的时候，要多和学员交流，做到"多听少说"，把了解到的信息及时作为话题在台上展示，那样会给学员惊喜，让他感觉很受重视。当然，学员的隐私问题除外。

设计问题时的几个注意事项：

• 必须限制提问范围，强调与主题相关，提问不要太过宽泛。

• 首先表明你会有选择地回答问题，暗示你不会回答所有问题。

• 告知大家提问的时间段，回答问题不会无休止地进行下去，必须在规定的时间内完成。

3. 回答问题的原则和流程

回答问题是考验培训师水平、展现培训师魅力的重要时刻。培训的主题不同，回答的问题也多种多样。

（1）回答问题的 4 个原则

①**专注于主题**。这是一直强调的重要原则，只回答与主题相关的问题，一定要避免节外生枝。

②**保持你的形象**。无论遇到什么问题，永远不要失态，保持冷静，尽量多些幽默。

③**照顾大多数学员**。在这个环节，可能会遇到一些个性化的问题，或者某几个学员很积极，你一定不要只关注提问题的学员，要随时关注绝大多数学员。同时你还要善于和绝大多数学员建立联盟关系，这样一旦遇到个别"独特"的学员，你可以借助团队的力量搞定他。

④**赞美提问者**。要对学员持赞赏的态度，绝对不要贬低学员。无论学员提出一个多么无聊、浅薄、滑稽甚至愚蠢的问题，永远不要嘲笑学员。至少要对提问者表示赞美，因为不管怎么样，提问的都是你的支持者，对支持者可不能打击。

一位培训师讲授的主题是"高效沟通"，在课程即将结束的时候，针对这个主题设计了答疑环节。

学员：老师，我有个问题，这个问题一直困扰着我，我自己也百思不得其解，弄得很痛苦，今天非常高兴，有老师在，相信我这个问题可以迎刃而解了，真的很高兴……

错误做法：

培训师：好，你到底想问什么问题？不好意思，大家都等着呢。我们要提高效率。

学员：啊？……

正确做法：

学员：我在工作中遇到很多问题……

培训师：嗯，那你现在最想问的问题是——

学员：我现在最想问的问题？

培训师：是的，针对咱们这两天的"高效沟通"课程，你最想提的问题是——

学员：哦，关于沟通方面呀，我本来想提绩效考核方面的问题，这是我目前遇到的最大的困惑。

培训师：绩效考核方面的问题？这倒是给我一个很重要的提示，看来下次应该安排这样一个课题。那么就沟通方面，你还有其他问题吗？

学员：没有了。

培训师：来，大家掌声送给这个伙伴。

（2）回答问题的流程

在回答疑问的时候，遵循通用的流程：仔细聆听—确认问题—回答问题—结束话题。

①仔细聆听。在学员提问的时候，培训师必须全神贯注地聆听学员的阐述，全面接收学员的信息，明白学员问题的含义。如何聆听？

- 眼睛注视学员，但是不要目不转睛。
- 嘴里有回应，可以适当重复对方的关键词。
- 最好做笔记。

提问环节，学员正在阐述问题的时候，培训师一边说"好的，你继续讲"，一边转身去台上找水喝。这时学员停了下来，培训师讲"没有关系，你继续",学员回答"我问完了"。培训师:"啊?不好意思,你是询问关于××方面的问题吗?"现场一片哗然。

②确认问题。培训师在听完学员阐述后,要确认问题,掌握问题的实质,确保提供的是有针对性的解决方案。如何确认问题呢?

首先,要听完整,要保持耐心让对方说完,记住关键点,避免中途打断对方的提问。

一个学员的话还没有讲完,培训师就说:哦,你提的这个问题呀,这个问题应该这么解决。

学员:老师,我还没有说完,我的问题是……

正确的做法是:

培训师:嗯,好的,你继续。和上司沟通……好……嗯……怎么样双向沟通……好,你的话说完了?好的……

其次,在学员阐述结束后,要概括学员的问题,并确定学员问题的核心。

培训师:你刚才提了一个关于如何和上司沟通的问题,你的意思是如果上司不采用双向沟通,咱们该怎么办,是这个意思吧?

③提供答案。在提供答案的时候,要简单明了,让学员一听就可以明白,真正能解决问题,不要把问题复杂化,以避免引出更多的问题。

培训师:刚才这位学员提到了,如果上司不采取双向沟通,我们该怎么办。这个问题是不是大家都感兴趣的呢?好,看来大家都感兴趣。那么我的建议是:第一,认真倾听……;第二,鼓励上司继续……;第三,抓住时机插话……;第四,善于提问题……

④结束问题。培训师要敢于结束问题,要给本话题下一个论断,给出一个结果,让大家明白,这个话题不会继续下去。不要围绕一个话题花太

多的时间，否则会没完没了。

错误做法：

培训师：我刚才给大家提供了四种方法，当然了，还要注意以下三点……同时，在处理这个问题的时候，还要留意三个环节……

这样做就把问题弄复杂了，可能要把前面讲的整个内容再重复一遍，或者专门安排一个课程来讲。

正确做法：

培训师：刚才就如何与上司进行双向沟通，我提供了四种方法，相信对大家会有所帮助。好了，因为时间关系，这个问题咱们就谈到这里。如果哪位伙伴还有兴趣，咱们下课后再好好地交流。现在，请大家提另外的问题，来，有请那位戴眼镜的伙伴，你有什么问题？

培训师要敢于对事情做个了结，并且有效地引导大家进入下一个话题。记住，永远保持你的主导权。

4. 如何应对各种麻烦问题

在培训现场，会遇到各种各样的问题，合理处理麻烦问题对培训师是一个重大的挑战。很多培训师就栽倒在这里，有的甚至再也没有站起来。优秀的培训师应该像武林高手一样，"兵来将挡，水来土掩"，将这些麻烦问题一一化解。

下面就培训现场培训师经常遇到的问题一一阐述。为便于阐述和理解，这里采用结构模式中的A/B式，即问题/解答式。

（1）专业质疑

在老师讲课的过程中，学员对培训师讲的内容有怀疑，表示不能认同。

学员：老师，你讲到"细节决定成败"，我觉得不一定，细节很重要，但也许不是决定成败的唯一因素吧？是不是我们以后只要做好了细节就一定会成功呢？

对于这类只是对培训师的专业性和观点提出怀疑，但并不是完全否认的行为，解决方案是：赞同其观点，将两者并列起来，再次强调观点。

培训师：这位伙伴讲得很有道理。我们所讲的"细节决定成败"，是强调细节的重要性。如果细节做得不好，其他方面做得再好，也可能导致失败。因此，细节做好了，只是避免了失败，但是不一定就会成功。但细节做不好，就一定不会成功。

点评：虽然有点勉强，但是至少不会产生直接的冲突。

学员对培训师产生专业性质疑的原因主要有两个：一是培训师专业本身有问题，二是培训师论证不足。如果属于这两个原因，培训师就要在专业上下功夫。控场技巧只是"技巧"，不能解决根本问题，提高专业性才是根本。

(2) 高手挑战

在培训的过程中，有时会遇到比培训师更厉害的学员，直接向培训师发出挑战：

学员：老师，我觉得你讲得不对，这个应该是这样的……

面对学员直接指出错误的挑战，培训师首先应该看看自己是否真的错了，如果是真的错了，要坦诚地承认，然后继续话题。

学员：老师，你刚才讲的指标DAR-001好像错了，应该是DAR-003。

培训师：哦，是的，我记错了，感谢这位伙伴。来，掌声送给他。

如果没有错，也不要和学员深究，告诉他，可以有不同的理解，然后继续话题。

学员：老师，我认为激励员工最重要的就是薪酬激励，而不是你讲的什么发展空间。

培训师：这位伙伴提出了一类现象，事实上也是这样，很多员工更看重自己的薪酬，同时另外一类员工看重的是自己的职业发展空间。我们今天的主题是"员工职业发展规划"，对于薪酬这个主题，我们另外找个时间交流，感谢这位伙伴提出了非常有意义的话题。来，掌声送给他。

综合一点：就是在课堂上不要深究，要保持课程的流程性和完整性。

三不原则：不攻击，不争论，不放弃——不攻击对方个人，不争论对方观点，不放弃课程完整性。

（3）故意找茬

学员故意捣乱，抓住一个地方不松口，非要争个输赢。

像上面这个案例，培训师已经表明了每个人的角度和观点不一样，但学员还是要继续。

学员：老师，你说一部分人看重职业发展，只有一部分人看重薪酬，我觉得应该是每个人都看重薪酬，而不是一部分人。

培训师：看来这位伙伴是非常看重薪酬的，如果你对这个主题很感兴趣，那么我们课程结束后可以好好讨论，我也很想了解你独到的见解。但是现在，我们的主题是职业发展，所以，咱们先不用讨论薪酬了，继续咱们的主题，好吗？

这时，该学员有两种反应：第一种，住口，培训师可以继续下去；第二种，要继续和培训师讨论，这时，培训师的做法就是借力。

①**借其他学员的力量，与其他学员建立联盟关系**。比如：

培训师：看来这位学员对薪酬的话题非常感兴趣，我想问一下大家，咱们今天是不是要更换主题了？愿意换主题的举手（这时很少有人举手）。

这时培训师就可以说：看来大家都不愿意今天更换主题，那我们就继续职业发展这个主题，大家说好吗？

这时肯定有掌声响应培训师，因为大家是奔"职业发展"而不是"薪酬"而来。临时换主题，大家都不愿意。同时，对于该学员这种找茬行为，大家还是很反感的，大家是来学习的，不是看某个学员个人表现的。

②借培训组织者的力量，共同面对。当那位学员还要和你争论的时候，你可以带着微笑，以有点调侃的语气说：

看来这位学员对薪酬的话题非常感兴趣，我想问一下今天组织培训的张总，咱们今天是不是要更换主题了，可以吗？

张总肯定会支持你，你可以接着说：

那这样，我们请张总安排一下，下次专门安排一个关于薪酬的主题，好吗？

张总肯定说"好的"，然后你就可以继续讲课了。

总结起来，学员故意找茬的原因：第一，这个学员很有个性，属于习惯性找茬；第二，培训师自己控场能力不足，没有树立权威。

（4）知道答案，但是不能说

学员：老师，听说咱们最近要进行薪酬制度的调整？

培训师：哦，这个具体情况我还不太清楚，但是请大家相信，就算调整也是为大家着想，会更加合理。

处理这类问题要遵循"三不原则"：不要给具体结论，不要逃避，不要传递负面信息。

（5）一个学员一次性提几个问题

学员：老师，我有几个问题想要请教你一下……

培训师：谢谢这位伙伴的提问，我想看看大家对哪个问题最感兴趣，现在回答，至于其他剩下的问题，咱们培训过后再交流。

面对多个问题，要有选择性地回答，不用全部回答，把机会留给其他人。

（6）一个学员连续提问题

学员：老师，我还有问题要请教你。

培训师：好的，我现在回答你第三个问题，也是最后一个问题。咱们把机会留给其他伙伴，你的其他问题，咱们课后再交流。大家说，好吗？

对于同一个学员，遵循"事不过三"原则，最多回答三个问题，把机会给更多的人。

（7）不知道答案的问题

"人力资源"课程中经常会有这样的问题：

学员：老师，我想知道今年咱们省的社会平均工资是多少？

针对这类不知道答案的问题，有几种解决方式。

①**借力**。比如：

培训师：我知道今天在场有一位伙伴非常熟悉这个内容，我们请他来回答一下，来，掌声欢迎。

②**转移话题**。比如：

培训师：看来这位伙伴对这个话题很感兴趣，培训结束后我私下告诉你。
（或者）培训师：看来这位伙伴对这个话题很感兴趣，我晚一点告诉你。

然后你私下去询问内行，再给他答案。

③**坦诚承认**。比如：

培训师：哦，对不起。我最近两年对这些问题都不太关注，所以对于今年的社会平均工资，我还真不知道。有谁知道呢，请告诉大家一下，谢谢。

如果这不是你擅长的领域和主题，坦诚承认不知道答案，学员不会因为你不全能而看轻你，反倒因为你有所为、有所不为、有专长而看重你。

有一次我去上海讲课，在提问环节，有位学员问我："段老师，我刚去一家新公司负责人力资源。老板对我非常重视，想让我调整一下公司的薪酬制度，我也想好好做出成绩，因此，请问段老师，这个薪酬该怎么调整？"

我当时回答:"哦,你问了一个好问题,在人力资源的各个模块中,最具体、影响最大,也是最复杂的,就是薪酬这个模块,需要做深入的分析和调研。所以,你问我怎么调整,我还真没有办法。不过,针对你刚才提的这类情况,我倒是有个建议。薪酬是关系老板和员工切身利益的事情,弄得不好,可能上下都吃力不讨好。如果刚进公司又想很快做出成绩,我不建议你立即去动薪酬这个'地雷'。我的建议是好好组织一堂成功的培训,然后再做其他的事情。这样,具体的操作方法,咱们休息的时候再交流。"

第一,坦诚承认自己的不足,让对方理解;第二,给他一个建议(组织培训),以弥补没有帮他解决问题的遗憾;第三,提供私下交流的机会,给他希望。

在培训中还会遇到各类问题,无论遇到什么问题,都要注意前面提到的几条原则和注意事项。

四、关于问题处理的答疑及工具

1. 关于问题处理的3个疑问

疑问1:每次遇到学员提问题,我就很紧张,总以为有人要向我挑战。

这是因为你在心目中把对方当成"挑战者",你对自己还有些信心不足。首先要树立自己的信心,"我的地盘我做主",然后换一个心态。无论谁提问,你都把他当成你的支持者,他都是你找的"托儿",他向你提问,就是对你表示支持,是配合你。这样你就不会紧张了。

疑问2:针对培训中存在的各种问题,有什么统一的原则或者注意事项吗?

三不原则:

①**永不攻击**。无论对方态度怎么样,永远都不要攻击对方,保持良好的形象和胸怀——宁愿学员负我,不愿我负学员。

②永不逃避。直接面对问题，能解答的就解答，不能解答的就承认。不要东躲西藏，"顾左右而言他"，不要找些没有技术含量的借口。

③永不放弃。不放弃课程的流程性和培训的完整性，不放弃对场面的把控性。

疑问3：我觉得培训现场遇到的问题太多了，除了前面的"三不原则"，还有什么方法，可以解决所有问题？

你想拥有"一招鲜吃遍天"的魔法箱？我也想，但是没有。没有一个方法可以解决所有问题，但是有种思路可以解决，那就是"专业"——专业为本，技术至上。这是根本途径。

2. 关于回答问题的工具

工具1：回答问题的流程

工具模板

运用范围：所有培训

目的：正确应对问题

适用对象：培训师

在回答疑问的时候，遵循通用的流程。

第一步：仔细聆听。"好的，你继续……好……嗯……"

第二步：确认问题。"你刚才提的问题是这样的……是吧？好的。"

第三步：回答问题。"首先我们感谢这位学员提了一个有意义的问题，针对这个问题我的建议是……"

第四步：结束话题。"好，针对这个问题，我就回答到这里，看看其他伙伴，还有什么问题？"

工具2：问题卡片

「工具模板」

运用范围：所有培训

目的：正确应对问题

适用对象：培训师、培训主管

针对本次培训内容，你有什么疑问需要解答和探讨。

项目	内容	备注
姓名		可匿名
单位（部门）		
问题一		可注明首要问题
问题二		
问题三		

本章小结

1.学习要点

设计问题的方式、应对各种问题的方法和原则。

2.课后作业

为自己的课程设计提问方式。

第六章 铿锵有力
语言表达的提升方法

ADDIE小贴士

　　控制了场面，解决了问题，整个培训就很精彩了吗？这只能叫合格。要想让培训更加精彩，获得更好的培训效果，还需要培训师的硬功夫——语言表达。互动、控场、解决问题，只要掌握了方法，立竿见影。但想要提高语言表达能力，绝非一日之功。真正高质量的培训课程，需要培训师有高超的语言表达能力，这也是培训师的核心竞争力之一。所谓"台上一分钟，台下十年功"，这是其中最重要的内容。正因为如此，语言表达需要持续修炼。

一、语言表达欠佳的几个表现

1. 语言表达欠佳的典型案例

情景描述

各位同事,大家上午好。

我们今天给大家培训的主题是"商务礼仪"。在正式讲课以前,首先请允许我做一下自我介绍,尽管我知道大家都认识我,但我还是要做下自我介绍,因为这也是礼仪的一部分。所以呢,大家看到了,我们生活中,到处都有礼仪,所以掌握礼仪是很重要的。那么到底我的名字是什么呢?其实大家都知道了,也不用猜,我的名字很简单,大家的资料上都有了,大家都看到了,而且咱们本来就是同事,所以基本上都认识我的,如果以前不认识呢,今天就认识了。

我们今天要培训的主题是"商务礼仪",我们都是上班的人,应该也算得上是个商务人士,所以呢,对于一位商务人士来说,商务礼仪是非常重要的。大家知道我们中华民族被称为"礼仪之邦",对于礼仪我们有着优良的传统,对于我们现代职业人士来说,礼仪更是有用的,如果没有礼仪,会给工作和生活带来麻烦,因此呢,我们都应该学习和遵循礼仪。

那么到底什么是礼仪呢?其中包含了两个意思,一个是礼,一个是仪。它们单独都是有含义的,合在一起也是有含义的。我们现在就来看看这些概念,其实这些概念意义不是很大,但还是要学习一下……

这样的情景是不是经常见到?这就是一个内训师讲课的内容,文字上没有什么毛病,就是太过平淡和啰嗦,连一个自我介绍都没有阐述清楚。

2. 语言表达经常出现的问题

(1) 冗长

有一次给某著名的电气公司讲TTT，在培训前的一天，我让助理演示一下怎么做开场介绍。他的原话是：各位××照明公司优秀的管理者们，大家早上好。欢迎大家参加由××照明股份有限公司和×××企业管理咨询公司联合举办的企业内部培训师TTT培训。当讲到"企业管理咨询公司"时，他的声音已经很小了，到了"企业内部培训师"的时候，基本上就没有声音了。

(2) 方言太重

一位来自江苏的老师做讲座，整个培训基本上是采用江苏普通话，台下的听众可能最多听懂了60%，尽管老师自己在台上意气风发，可是台下的听众昏昏欲睡。其实讲的内容很有意思，可惜没有让听众听明白。

(3) 含糊不清

领导：下午2：00过后，你来一趟我办公室。

下属：好的。

（下午3：00左右，下属还是没有去。）

领导：你怎么还没有来我办公室？

下属：您说的是2：00以后，我怕您很忙，所以想等5：00再去您那里。

不要以为这是特殊案例，在工作和培训中，经常有这样含糊的表述——几点过后、几点之前、几点左右、大概、差不多，表述者自己明白，但听者却是另外的理解。

(4) 口头禅

在表达中，常出现的一个问题就是口头禅，这是很多培训师的一种习惯。常见的口头禅有"这个""然后""但是""嗯""哦"等。

二、语言表达的管理学原理和作用

1. 语言表达的管理学原理

(1) 印刻效应

心理学上讲的印刻效应,是指当人们第一次见到某个事物的时候,就以为是这样的了,从此以后就把这当成标准。

一只小鸭子从鸭蛋里孵出来,刚爬出蛋壳,第一眼就见到一只母鸡带着一群小鸡,于是这只鸭子把母鸡当成自己的母亲,跟着母鸡一起去了,再也不愿意离开。鸭立鸡群,这就是印刻效应。

一个刚当父亲的朋友告诉我,他去参加亲子教育讲座,心理学专家告诉大家,"孩子生下来第一眼就认定自己的母亲,而认识父亲要到6个月左右",因此这位年轻的父亲"郁闷惨了"。其实这也是印刻效应。

在语言表达中,也有印刻效应,用什么样的语言,为什么这么用,很多时候就是依赖最开始的一个印象。

(2) 路径依赖

它的特定含义是指人类社会中的技术演进或制度变迁均有类似于物理学中的惯性,即一旦进入某一路径(无论是"好"还是"坏"),就可能对这种路径产生依赖。

路径依赖是一种惯性思维。一旦人们做了某种选择,就好比走上了一条"不归之路",惯性的力量会使这一选择不断自我强化,并让人轻易走不出去。

路径依赖有两面性,如果最开始就选择了正确的道路,会让人在成功的道路上获得更快的发展。相反,如果最开始就选择了错误的路径,就会让人在错误的道路上越走越远,难以回头。

语言表达中,路径依赖起了很大的作用。人们总是习惯性地按照某种方式表达,渐渐地就形成一种惯性思维,成为自然的习惯。

2. 语言表达在培训中的作用

语言文字对于培训有什么作用？还需要说吗？！起根本作用？最重要的作用？必备的作用？都算是吧。课程是培训的剧本，剧本就由文字组成。

三、语言表达的3个原则和8项注意

1. 语言表达的3个原则

语言表达要遵循3个基本的原则。

(1) 清楚

清楚是第一要素。清楚包括两层含义：首先你要自己清楚，然后要让对方清楚。

培训中也会出现这样的情况：讲的人以为自己讲清楚了，听的人也以为自己听清楚了，其实都是按照自己的理解，"花开两朵，各表一枝"。

培训师说"我们今天的培训将在下午5:00左右结束"，学员会有什么反应？有些在快到5:00的时候准备离开，有些在4:30可能就准备收拾东西了，还有些以为会在5:00以后才结束。

点评：都是"左右"惹的祸。

培训师："现在有个演练环节，我将选择几位学员代表上台来展示。有谁愿意？"台下没有人反应。为什么？因为有的学员会想：老师你说是由你选择，我如果主动要求上台，万一不是你选的对象，多不好意思呀，所以就等着你选择吧。而有的学员则会想：是不是老师早就安排好了，并没有通知我，肯定是其他人上去。

点评：有时"选择"也会错。

(2) 易懂

"听到了""听清楚了"和"听懂了"的含义是不一样的。"听到了"是听到这个事情,"听清楚了"是听清楚了事情的内容,而"听懂了"是明白了内容的含义。

上小学的小新正在客厅玩电脑游戏,妈妈则在厨房里忙活。

妈妈:小新,做作业去。

小新:知道了。(还是继续玩)

妈妈:我叫你做作业去,听到没有?

小新:我听到了。已经做好了。(还是没动)

妈妈:我让你去做作业,听清楚没有?

小新:我听清楚了,我的作业已经做好了。

妈妈:做好了,给我看看。

(小新很不情愿地把作业给妈妈看。)

妈妈:你做好的是老师布置的作业,我给你布置的呢?怎么没有做?你还说做好了。

小新:是你自己没有说清楚。

妈妈:是你自己没有听懂。

所以,培训师,不要以为你讲了、讲得还清楚,学员就会听懂,就算听清楚了,也未必明白。

一天晚上已经十一点多了,我发现朋友燕子的QQ还亮着,她刚去一家著名的地产公司负责行政工作。

段烨:这么晚了干什么呢?

燕子:我在做会议纪要。

段烨:做会议纪要?这么晚还在开会呀?

燕子:不,会议是下午开的,我要把会议纪要写出来。

段烨:会议纪要不是现场写吗?你怎么现在才写?

燕子:我现场写不下来,只有晚上加班。

段烨：你没有学过速记吗？

燕子：我会速记，但是我记不下来，因为他们开会的时候，讲的全是专业术语，我搞不懂。所以我就用录音笔在现场全部录下来，晚上加班整理，每次做这个会议纪要都要花费很多时间。

段烨：哦，好辛苦。

不要以为你讲清楚了，学员就都听懂了。当你在大量引用专业术语显示你专业水准的时候，你的学员会很辛苦，也许已经双眼迷惘，神游八方了。

专业术语要不要用？不用吧，好像显示不出你的专业；用吧，会把学员搞得云山雾罩、不知所云。

专业术语是可以用的，关键是要让学员听得懂。

衡量培训效果的标准：不是你讲清楚，而是学员听明白了。

（3）吸引力

文字内容要有吸引力。这就好比任何一部优秀的电影、电视剧，前提是有一个好剧本，否则，就是"巧妇难为无米之炊"。只有好的剧本才会让"子弹"多飞一会儿。

培训师如何"让子弹多飞一会儿"？这就需要在文字内容上下功夫。培训师必须要让自己的演讲充满魅力，从而吸引听众。

台上一分钟，台下十年功。优秀的培训师总是花大量的时间和精力，精心准备自己的文字内容。有时看到培训师"即兴演讲"很精彩，以为人家是天才，实际上他在背后默默付出了很多。

被誉为世界上最伟大的演讲之一的葛底斯堡演讲，这个仅仅266个单词、不过5分钟的演讲，是林肯花了几周时间精心准备的。罗马城不是一天建成的，精心准备你的台词吧！

2. 语言表达的8项注意

在遵循前面3个原则的前提下，培训师还要避免掉入语言陷阱，需注意以下8个方面。

(1) 慎用专业术语

前面提到要让学员听懂，就要注意专业术语的运用。专业术语是一把双刃剑，有时会让培训师陷入两难的境地。

如果不用专业术语，好像体现不了培训师的专业性。培训师在讲台上讲的全是家长里短、三姑六婆的事情，就变成了"拉家常""侃大山"，而不是正规的培训。

如果用专业术语，又可能导致学员听不懂，变成了培训师在演独角戏，甚至会被认为是在"显摆"。

作为国家教工委聘请的人力资源专家，我经常到全国各地讲授人力资源课程，参加的学员大多是经理、总监。当我看到学员资料的时候，我就把他们定位为资深人力资源管理者。因此第一次讲课时，我就尽量不讲名词解释、管理原理等"小儿科"的内容，更多涉及人力资源的战略规划等高端内容，同时KPI、BSC、EAP等英文简称也随口而出。在授课过程中，我发现，尽管得到了一部分人的积极回应，但是有一部分人的眼神开始迷惘起来。课间休息时，通过交流询问，我才发现，尽管很多学员都是人力资源部门的高管，同时也有丰富的实践经验，但他们对理论知道得不是太多，因为许多都不是人力资源专业科班出身，对人力资源规划、薪酬设计、绩效考核指标设定等缺乏专业的理论深度。因此，许多我以为很简单的内容，其实他们是搞不懂的，所以才"神游八方"去了。

从此以后，对这类公开课，我会先做三项调研：第一，查看学员的个人资料；第二，课上询问两个问题——"在人力资源部门的职务"和"实际工作经验"；第三，问"是不是人力资源专业科班出身"。

那么，到底如何既保持专业性又让学员听懂呢？其实就一个思路，站在学员的角度，了解他们的真实情况，有针对性地实施培训。要求只有一个——讲学员听得懂的话。

我给许多行业都讲过TTT，包括地产、制造业、IT、医药、易耗品、银行等。有些行业的专业我自己也不懂，因此我就对学员提出一个要求：讲出来的必须使我能听懂。我告诉学员,如果我都听懂了,你们的学生就能听懂。当外行都能听懂时,课程自然就好了。

因此,专业术语用不用,怎么用,不是由老师说了算,而是由学员说了算。总结为一句话就是:用学员能够明白的方式讲专业术语。具体有哪些方式,请看后文。

(2) 注意语态的运用

在语言表达中有两种语态——主动语态和被动语态。

主动语态,表明主语在做某件事情;被动语态,表明主语在被动承受某些事情。

"王总撞车了"和"王总被车撞了",有什么不一样?

"王总撞车了"是什么情景?王总开着车把别人给撞了,还好,王总没有受伤。

"王总被车撞了",这会让人联想到什么情景?马路上,一辆被撞得面目全非的汽车,车里躺了一个人,这个人就是王总。是不是很惨?

主动语态表明主语是主动的、实施行为的一方,因而也是承担主要责任的一方。

被动语态表明主语是被动的,也是可以推卸责任的。

一次培训中,主持人介绍培训规则:"为确保培训顺利进行,我公布三条培训纪律——第一条,……;第二条,……;第三条,……。请大家遵守以上纪律(主动语态)。"

一次培训中,主持人介绍培训规则:"为确保培训顺利进行,我公布三条培训纪律——第一条,……;第二条,……;第三条,……。以上纪律,请大家遵守(被动语态)。"

说服力是不是不一样?主动语态使语气更加坚定、直接。

什么时候用主动语态呢?显示自信、权威、掌控全局的时候,就用主动语态。

让我们团结起来,共同去迎接挑战,战胜困难,直到成功!

通常情况下，培训的时候要用主动语态，显得更有力度。

但是有时也要用被动语态，比如发生消极事情的时候，其目的是为主语减轻责任。其实辩护律师就是干这个事情的。由于受害者可以减轻责任，需要明确责任的时候，原告、被告都说自己是"受害者"或者是"被迫的"，而"故意伤害"和"正当防卫"的性质是不一样的。

为什么有些同事不严格遵守公司的考勤制度呢？到底是什么原因？

这样说是在找人的原因。

为什么公司的考勤制度不能得到严格的遵守？

原因是多方面的，有制度的原因，也有人的原因。

两种方式的效果是不一样的。培训师在语言表达的时候，要分清楚具体情况。

（3）注意词语的隐含意义

很多词语有隐含的意义，培训师在授课时要注意这些细节。

三楼人事部的王兵被调到二楼行政部。一天，王兵的一个朋友刘林找王兵，打王兵的手机没有打通，就直接打到人事部办公室，办公室的张朋接的电话。

刘林：请找一下王兵。

张朋：他不在人事了。

刘林：什么？不在人世了？

张朋：是的，他昨天走的。

刘林：昨天走的？怎么这么突然？

张朋：他临走的时候说了，如果谁要想他，就去下面找他。

刘林：啊？……

为什么会产生误解？因为在文字上产生了歧义。第一是"人事"，很多人把人力资源简称为"人事"，而这个"人事"与"人世"读音相同。第二是"走了",在某些地方为了避讳,把"去世"说成"走了"。第三是"下面",没有说清楚是"楼下"还是"地下"。

现在有很多简称是"舶来品",用英文的第一个字母做简称。用简称有利于记忆和传播,但是一定要看学员的具体情况,要用他们能听明白的简称。

除此之外,"但是""然而"这类转折词要慎用。

有一次给一家著名的集团公司上"情境高尔夫"课程,讲的是"情境高尔夫——向下管理",课程结束后,培训经理跟我沟通:

段老师,您今天所讲的高尔夫课程很有用,很有实战性,我是第二次听这个课程,以前听过其他老师讲的。您这个高尔夫课程是结合"情境管理"理论的,很有特色。(我面带微笑地享受着赞美。)

但是我有一个问题。(我立即紧张起来,他有什么异议?)

我想问一下段老师,这个高尔夫课程分为向下管理和向上管理,是这样的吧?(是呀,有什么问题吗?我心里想。)

我们今天只学了"向下管理",但是还想请段老师讲"向上管理",我觉得这样才完整,就看段老师什么时间有空来讲。

一场虚惊,我心里想,请我讲课就直接讲吧,但是为什么要用"但是"呢?我知道你是好意,但是这个"但是"很吓人的哟。

其实这个主管非常专业,整个培训组织中,现场服务和后勤工作都做得很好。后来在一次聊天中,我顺便提到这个"但是",他才意识到,"我自己还没有注意,习惯了,谢谢段老师提醒"。

如果说"但是""然而""可是"这类带有消极味道的转折词可以让人迅速转变过来,另外一些穿着美妙的外衣,其实里面是炸弹的词语,可就要更加小心了。

其中一个词是"希望"。

很多人都以为"希望"是美好的。据说"希望"被评为最受人们欢迎的词语之一,与"幸福""爱情""金钱"等并列。有时"希望"真能给我们带来美好,但是要看怎么用。人们都习惯性地希望,而希望往往会带来失望。

培训结束时，经常会有领导讲话：通过此次学习，我希望大家都学到了很多东西，希望大家回去后好好运用，希望对实际工作有所帮助。

这位领导希望越多，培训师在旁边失望就越大，而且压力也越来越大：万一领导的希望落空，岂不意味着这几天白讲了？

那么应该怎么做呢？

第一，尽量少用转折词，将转折关系的词换成并列关系的词。比如"同时""另外""除此之外""还有"等。

"段老师，您的'向下管理'课程讲得非常好，另外，我们想请您讲'向上管理'。"多么简单直接，让人兴奋！

第二，把"希望"改为"相信"。试试看，效果肯定不一样。我培训的结束语通常就是用"相信"，将连续的"相信"用排比句的方式一口气表达出来，引起震撼。

（4）注意修饰语的作用

修饰语在语言表达中有着独特的作用，合理运用修饰语，能够提升说话的力量。

领导：刚进公司的几位员工干得怎么样？

下属：小张还行。

下属：小王挺好的。

下属：小李非常好。

几种情况下，效果肯定是不一样的。

专业的着装对培训师的形象很有用的。

专业的着装对培训师的形象太有用了。

专业的着装对培训师的形象最有用了。

力度看似逐步加大，但是哪种说法更能被听众接受？是不是第一种更好些？所以在培训中少用夸张的词，慎用定性的词，多用定量的词。

杜拉拉工作很努力,她是一位优秀的员工,得到了公司的好评。

这话全是用的定性的词——"很努力""优秀""好评",这样总体感觉"杜拉拉很好",但是缺乏说服力。因为没有量化的事实,而是某个人的个人感受。

如何做呢?用定量的词。

杜拉拉经常主动加班,每项工作评分都是优,绩效考核都是第一名。

效果是不是要好一些?如果定性和定量一起用呢?

杜拉拉工作很努力,经常主动加班;她是一位优秀的员工,每项工作评分都是优;她得到了公司的好评,绩效考核都是第一名。

鹰隼计划训练班中,在最初的演练环节,总会有老师表扬学员"你们太棒了",如果在互动中有学员积极回答问题,老师总会说"回答得太好了""你们是最优秀的"。一两次这样的赞美还可以,但是说多了,就是例行公事,大家就会感觉有点假。

定性只是提出了观点,定量才是论据,只有观点没有证据会缺乏说服力,只有论据没有观点会导致观点不明。因此观点和论据要结合,定性和定量要结合。

另外一个使用修饰语需注意的地方,就是复数词的误用。

各位同事们,欢迎大家参加今天的培训。

"各位同事们","各位"和"们"有重复之意,这两个词距离近,大家很容易发现,下面的就不容易发现了。

欢迎所有的市场部营销精英们。

好像没有问题,大家都是这么讲的,注意看"所有的市场部营销精英们","所有"和"们"重复了。"所有的全体好员工们",是不是似曾相识?

有一次我给一家企业做管理技能的情景训练,在户外广场上请老总训话，这位清华MBA总裁班的27岁美女老总有些紧张：

在座的所有管理者们都是……不对，不是在座的，大家都没有坐……在……在场的所有管理者们都是我的核心管理层……

她反应很快，把"在座的"改为"在场的"。休息时，她告诉我，因为平时讲话都是在会议室坐着的，所以习惯于说"在座的"，但刚才是在外面的广场，自己就不知道怎么讲了，所以用了"在场的"。我笑着告诉她，"在座"不是"在坐"，并不一定坐着才是"在座"。只要是在场的，无论站或者坐，都是"在座的"。另外，"所有"和"们"重复了，就像同时戴了两副眼镜，会觉得不舒服。她"哦"了一声，一副恍然大悟的样子。

(5) 注意语气词的使用

汉语中有很多语气词都带有"口"旁，表示某种语气。

语气词中用得最多的是"哈哈""呵呵""哦""嗯""啊"，这些可以独立运用。如何区分它们的含义呢？

有人当面赞美杜拉拉：拉拉，你这身衣服好漂亮呀！

拉拉：哈哈！（看来我买对了！）

拉拉：呵呵。（我希望你更能看到我本人的漂亮。）

拉拉：哦。（我知道了，这个很重要吗。）

拉拉：嗯。（我正忙呢，不想讨论这事情。）

拉拉：啊。（不好意思，这是我借的。）

跟人说话的时候，看看对方的回答，猜猜对方在想什么，然后再采取下一步的行动。培训师也可以通过学员的反应来判断学员的状况，从而决定下一步的行动。

培训师：接下来我给大家讲一个精彩的故事。

学员：哈哈！（太棒了，我就想听故事了。）

学员：呵呵。（讲可以，不讲也行，不关我的事。）

学员：哦。（这里需要讲故事吗？这个故事很有用吗？）

学员：嗯。(行，你讲吧，但是你不要太期待我的笑声。)

培训师要掌握这些学员的心理状况，有针对性地采取措施。

还有的句子需要和其他词合起来用，比如"呢""吧""吗"。

两个孩子考试回来，你问他们考得怎么样。

甲：还行！

乙：还行吧。

你觉得谁的成绩更好？是不是甲？因为甲的语气更坚定。

当然还会发生另外一种情况。

甲：还行吧。

乙：很好啦！

继续问：那成绩是第几名？

甲：第一名。(语气很平淡，理所当然，一直都是第一名！)

乙：第十名！ (非常兴奋，因为平时在第20名左右，这次是超常发挥。)

当你在讲课中需要非常肯定的时候，一定要注意控制语气词。比如，有的人很少用语气词，给人感觉很肯定、有力度，但是太过了，就显得过于霸道和武断。有的人说话有太多多余的语气词，尤其"啊""呀"等，本来是想增强语气，实际上却减弱了力度。

因此，如果你是在讲某个原理或者提出观点，语气要坚定；如果是讲述故事或者表达某种情感，就要多用语气词。

语气词与当时的语境、表达的语音和语调有关，同样一个词，语境不一样，语气、语调不一样，表达的意思也是不一样的。另外，语气词还与人的个性相关，不同性格的人，对于语气词的运用是不一样的，详细内容请参考《培训师21项技能修炼——课程开发》第一章。

运用语气词还要注意另外一点，就是口头禅。同一个语气词连续出现就变成了口头禅。

(6) 注意口语

口语在语言表达中有重要作用，但口语不是口水话，太多的口语就显得不规范。

"话又说回来""所以呢"这些话给人感觉不是在讲课，而是在聊天。

经常看到这样的话：

各位同事，大家好。良好的友谊从自我介绍开始，我叫灰太狼。

听众：谁要跟你交朋友？自作多情吧？

还有变化的：

各位同事，大家好，首先请允许我做自我介绍，我叫灰太狼。

听众：我们还没有允许呢！请你先停下。

还有简单点的：

各位同事，大家好。首先我做个自我介绍：我叫灰太狼。

听众：其次呢？首先介绍你自己，其次是不是要介绍红太狼了？

这些话大家都在说，好像已经习惯了，谁也没有去深究为什么这么讲，到底有什么不对。

为什么会说"请允许我做个自我介绍"呢？也许是很久以前的某个人，很谦虚地这么做自我介绍，后来有人看到了，于是一个传一个，传下来了。然而，也许最开始这本身就是一个错误。这就是路径依赖。

所以培训师在讲话的时候，要留意自己的口语。

如何少用口语呢？其实跟克服口头禅一样，就是留心，你可以自己留心，也可以让你的同事监督你，把你的口语记下来，或者看自己的视频、听自己的录音，看看有哪些口语需要调整。

(7) 注意称谓

称谓就是对人的一种称呼，也称为"人称"，一般来说，称谓有三种类型。

第一人称：我、本人。

第二人称：你、您、你们。

第三人称：他、她、它、他们、她们。

另外，尊称也是一种称谓。一种是表示辈分：爸爸、妈妈、爷爷、奶奶等；一种是带有职务：张总、李经理、王老师等。尊称有时属于第二人称，有时属于第三人称，但一定不是第一人称。

"有没有谁见过对自己用尊称的？"这是我在TTT课程中提出来的问题。当大家正在嘲笑这个常识性问题的时候，突然一声"有，我见过"，笑声戛然而止。真有这样的事情？大家很好奇，且听听这位伙伴的一个故事。

我那天出差在机场候机，到书店去看书，书店正播放某培训老师的光盘，那位老师是这么讲的：

有一天，J老师接到一个电话，电话是一位老总打来的："J老师呀，我是××公司的王总，是您的学生，我有个问题想请教您。"J老师回答："对不起，你想向J师咨询问题，要先预约，你去联系J老师的助理吧。"这位老师继续讲道："这就是J老师的时间管理，很多管理者不会管理时间，事必躬亲，把自己的精力浪费到一些小事情上。所以，你们应该多向J老师学习。"

我当时也奇怪，这位老师左一个"J老师"，又一个"J老师"，J老师到底是谁呢？我仔细看旁边的资料，原来他就是J老师，就是这位J老师自称自己为"J老师"。

大家一时无语。我见过在讲话中直呼自己名字的，比如说周立波，他在表演的时候，有时候会用"周立波"代替"我"，不说"我认为"，而说"周立波认为"，但这更多是调侃。这也可以理解为是娱乐界人士的营销手段，因为他的名字已经成为一种品牌符号。

但是我从来没有见过不用"我"，而只用尊称来称呼自己的人。这位老师也许是大师，大师可以做的，"小师"就不要去盲目学习了。

每次鹰隼计划的职业培训师班，总会遇到有学员讲课的时候，称呼自己为老师。虽然他们自己习惯了，但是注意听，感觉还是有些问题。如果是主讲老师，大家还可以勉强接受，但如果这个讲话者不是呢？是不是感觉不太好？

有一次，我给某著名地产公司讲"情境高尔夫"。某机构的主持人，一位20岁出头的姑娘小李做开场白："各位老总大家好，今天李老师非常荣幸给大家培训，在正式开始之前，李老师要给大家做一个活动，李老师的这个活动要求大家都要积极参与哟。李老师……"每句话都带有"李老师"。我在台下想，是不是我来错了地方，李老师才是主讲老师吧？估计台下的学员也会有类似的疑问。

还有的老师在培训过程中称呼自己为"鄙人"，讲课的时候会说"鄙人认为……"，这种谦卑的态度还是值得肯定的，但如果对方也要相应谦虚一下的话，怎么做呢？如果对方是男的，只有说"在下以为……"；如果对方是下属，只有说"卑职以为……"；如果对方是女的，刚好是他的秘书，只有说"奴婢以为……"这些谦称，做研究可以用，酒桌上显摆自己的"国学涵养"也可以用，在培训中需要"情景模拟"的时候可以用，但最好不要当常规来用。

培训师还是简单点为好，"我"不要丢掉。合适的称呼能拉近双方的关系，建立融洽的感情，营造良好的氛围。

(8) 渲染过度和冗长

在培训和演讲中，为了吸引观众，培训师需要对内容做些渲染，但渲染不是为了把事情搞得更复杂，而是为了吸引观众。看看下面这个案例：

周立波在一次《一周立波秀》节目中，涉及行贿受贿问题，在前面猛烈地抨击了行贿受贿的现象后，他讲道：

在一个月黑风高、电闪雷鸣之夜，我突然想到了一个方法，这个方法可以非常彻底地、从根本上解决目前行贿受贿的腐败问题。(停了一下，台下的大爷大妈期待着下文，周继续。)

这个方法是我第一个想到的，它立马可以彻底地解决腐败问题……(配上一贯搞怪的表情和夸张的声音、动作，大家更加期待。)

那么这个方法到底是什么呢？（答案就要揭晓啦……大家聚精会神，气氛已经到达最高峰。）

大家知道，行贿受贿是双方的事情。（大家心里想，这个我知道，快点说答案。）

产生现状的原因就是行贿受贿受到的惩罚不一样，大家说，谁愿意主动去行贿呀？行贿都是被逼的，是吧？（是的，请你快讲答案吧！）

因此，我们应该保护行贿者。（这是什么意思呢？这时大家已经对答案不关心了。）

所以我在月黑风高、电闪雷鸣之夜想到的，最绝妙、最能从根本上解决又非常简单的方法就是……（观众已经不想听了，等到花儿都谢了。）

这个方法就是实施一个法律，规定，只要行贿者在行贿的一年内去举报受贿者，这个行贿者就可以免除法律责任。（他本来期待在这个电闪雷鸣之夜带来狂风暴雨般的掌声，然而只是稀稀拉拉的小雨滴，这令人很尴尬。）

难道大家以为这个方法不好吗？（渴望掌声的表情。）

好是好，就是来得太晚了点。

为什么呢？原因就是太复杂了，渲染过度。精心设计、编排的前奏整整花了5分钟，观众已经没有耐心了。

培训师在台上不要过高估计学员的耐心，他们更希望直接看到结果。

怎么做？删减。

原本1分钟就可以引来暴风骤雨，像他那样酝酿了半天，雷早已远去，光打雷，不下雨，谁都没有耐心。所谓"于无声处听惊雷"，这样的震撼效果是不一样的。

各位×××照明公司优秀的管理者，大家早上好。欢迎大家参加由×××照明股份有限公司和×××企业管理咨询公司联合举办的企业内部培训师TTT培训。

这是一种冗长。这种冗长至少还能让大家明白他的意思，只要他能顺利地用一口气说完。但是有些冗长可就让人迷惘了：

各位同事，我们今天学习和培训的主要内容是，讨论关于如何提高时间管理有什么具体的方法和措施。

这是TTT培训中，一位学员演练"时间管理"课程时所讲的一句话。看看他到底要表达什么意思？

第一，他要讲的就是培训的主题。

第二，这个主题是什么呢？如何提高时间管理。

第三，具体的方法和措施。

原来，他的意思是"提高时间管理的方法和措施"。

为什么会让人觉得混乱呢？原来他是想一句话把所有内容讲完，但是又不愿意简单地讲完，为了引起大家的重视，加了几个多余的词。

还有类似的话：

接下来我给大家讲一个非常有意思的、充满哲理和含义的、有意义的故事。

本来就是讲一个有意义的故事，演讲者为了引起大家重视，故意加了很多形容词，但是这样显得很累赘，就像十个手指戴满了钻戒。

人们有时为了渲染自己的观点，会有意识地这样"卖关子"。可以渲染，但是不要过分，所谓"过犹不及"就是这意思。

以上就是语言表达的3个原则、8项注意。那么到底该怎么提高语言表达能力呢？下面有几个方法。

四、提升语言表达能力的方法

1. 化繁为简

(1) 减少修饰语及文字

各位同事,大家好,请允许我首先做个自我介绍,我叫灰太狼。

简化后:

(牛一点的自我介绍)各位同事,大家好,我叫灰太狼。
(更牛一点的)大家好,我叫灰太狼。
(最牛的)大家好。

这样是不是更"大牌"?谁见过现在的刘德华会讲"大家好,首先请允许我做个自我介绍,我叫刘德华"?

记住:文字越少越好。你的影响力和文字的数量成反比,文字用得越少,影响力越大。

在培训中,有句话叫"文不如字"。大段的文章不如几个字表达更清楚。"秋日午后""冬日暖阳"什么感觉?需要用一大段文字来阐述吗?不需要。

文字要尽可能减少,减少到什么程度?只要能表达你的思想就行。当然,你不能像本山大叔一样画"圈圈",最好也不要"此处省略80个字",你可以幽默,但是不要太搞笑。

接下来我给大家讲一个非常有意思的、充满哲理和含义的、有意义的故事。

简化:

接下来我给大家讲一个有意义的故事。

接下来我给大家讲一个故事。

接下来有个故事。

有个故事。

点评：越简单越好，最开始不需要渲染，让故事本身说话。

（2）断句

将一句冗长的话分开表述，每句话停顿一下，便于大家掌握。

各位×××照明公司的优秀的管理者们，大家早上好。欢迎大家参加由×××照明股份有限公司和×××企业管理咨询公司联合举办的企业内部培训师TTT培训。

改为：

×××照明公司优秀的管理者们，大家早上好！（停顿）欢迎大家参加企业内部培训师TTT培训，本次培训由×××照明股份有限公司和×××企业管理咨询公司共同举办。

点评：简洁，明了，有节奏。

各位同事，我们今天学习和培训的主要内容是，讨论关于如何提高时间管理有什么具体的方法和措施。

改为：

各位同事，我们今天培训的主题是"时间管理"，我们将会在时间管理的方法和措施方面展开深入的讨论和学习。

点评：概念清楚，重点突出。

（3）删除句子

把无关紧要的内容大胆、狠心地删除，去掉枝叶，保留主干。

在一个月黑风高、电闪雷鸣之夜，我突然想到了一个方法，这个方法可以非常彻底地、从根本上解决目前行贿受贿的腐败问题。那么这个方法到底是什么呢？（停顿，巡视全场10秒左右。）这个方法就是实施一个法律、规定，只要行贿者在行贿的一年内去举报受贿者，这个行贿者就可以免除法律责任。

点评：有渲染，有悬念，能立即揭秘，既能吸引大家的好奇心，又能满足大家的好奇心。

（4）尽量用短语

能用短语，就尽量不用句子；能用短句，就尽量不用长句；能用句子，就尽量不用段落。

看看我们的唐诗宋词，是不是非常优美？"枯藤老树昏鸦，小桥流水人家"，"大漠孤烟直，长河落日圆"，这样简洁的文字，真的如东家子之美，"增之一分则太长，减之一分则太短"。

培训过程中，用上这些内容不仅可以倍增说服力，还能显示你的水准。当然，用短语的时候，还要注意合适的停顿、轻重、快慢。

2. 借助雄辩的力量

荀子的《劝学》中提到："吾尝终日而思矣，不如须臾之所学也；吾尝跂而望矣，不如登高之博见也。登高而招，臂非加长也，而见者远；顺风而呼，声非加疾也，而闻者彰。假舆马者，非利足也，而致千里；假舟楫者，非能水也，而绝江河。君子生非异也，善假于物也。"

这里说的就是"借"的力量。

内训师很多时候对自己所讲的内容不够自信，尤其是面对台下比自己职务高、经验多的听众时，就会自信不足。在培训中经常听到这样的说法：

我认为……

我个人认为……

我的理解是……

我有个不成熟的看法……

我这个观点可能有失偏颇……

每次听到这样的说法,学员都搞不清楚他这是过分谦虚还是过度狂妄。也许两者兼有。

谦虚的人害怕观点有误,所以加个"我个人认为"。意思是,这是我个人认为的,不一定正确,你也可以有自己的意见。

狂妄的人认为自己是天下第一,"我认为的都是对的,你们照着做就行了"。

殊不知,这样的过分谦虚和过分狂妄都走了极端。那么如何树立权威呢?就是荀子讲的"借"。

借的方式有哪些呢?

(1) 借助权威人士的话

比如引用著名的企业家、政治家等成功人士的话。

我讲性格分析相关的课程,开场的时候,常常讲这样的故事:

这个世界上两个最富有的人——比尔·盖茨和沃伦·巴菲特,每年都要去美国著名的高校,给最聪明的学生作演讲。

有一次,他俩去斯坦福大学演讲,在提问的环节,一个学生问道:"我有个问题,一直想请教你们,请问是什么样的因素让你们成为这个星球上最富有的人?"

沃伦·巴菲特和比尔·盖茨对视一下,决定由巴菲特回答:"决定我成功的因素是性格、脾气和习惯。"

学生转向盖茨:"盖茨先生,您认为呢?"

盖茨回答:"我跟巴菲特先生的观点完全一致,就是我们从小养成的性格、脾气和习惯。

"在这三个因素之中,性格是最核心、最根本的,因此今天我要给大家分享的主题是'解析性格密码,提升管理技能'。"

（2）借助经典

经典包括典籍、名著。比如引用四书五经中的语句。这样的借助不仅能够帮助培训师增加权威性，还可以拓展学员的知识面。培训师除了平时上网浏览信息以外，要花更多的时间和精力学习中国优秀传统文化。

（3）引用领导的话

在培训过程中，培训师可以引用领导说的与本次主题相关的话，来增加权威。

用这个方法需要注意，不能引用太多，否则，反倒证明自己信心不足，有点"拉大旗，作虎皮"的样子，或者被认为是"狐假虎威"。

在各级政府官员的讲话中，引用领导的话很常见，但用得合适的不多，更多成了大家反感的大话和套话。如何引用才能让人感觉很舒服呢？

第一，引用的话要适合场景。

第二，引用要真诚。

第三，不反复引用，不纠缠于某一句话，而是引用不同的内容。

（4）引用管理学及专业原理

每次培训以前，都有学员跟我说："段老师，少讲理论。"我都会不置可否。为什么呢？因为大家对理论的理解是不一样的。理论并不是空洞无物、虚无缥缈的，而是真实存在于我们的身边。真正的理论全部来源于实践，来源于生活。掌握理论，避免就事论事，能够举一反三，真正让培训有效。

一个没有坚实理论作为指导的培训师，不是"实战派"，而是"死战派"；一个没有坚实理论基础的企业家，不是"实干家"，而是"死干家"。

当然，运用的理论必须是实际有效的。

本书每项修炼中都引用了相关的管理学理论，目的在于用管理学的原理强化内容，便于大家理解和掌握。同时，帮助大家提升管理的理论水平，做到举一反三。

管理学及专业的理论从哪里来？当然是学习。平时尽可能多花时间学习和吸收先进的管理知识和理论，用先进的理论武装自己的头脑。

"专业为本。"专业才是基础,没有专业做支撑,只会玩一些花哨的技巧,短时间也许会获得回应,但不一定真正得到认可。

《中国好声音》中的四个导师,第一季的刘欢和第二季的汪峰,就是凭借专业的知识得到了大家认可。汪峰由于经常讲一些音乐方面的理论和专业知识,甚至被庚澄庆"取笑"为"汪夫子"。但正是因为这个"汪夫子"的存在,才显得这档节目有技术含量,这也许是该节目收视率高的因素之一。

(5) 借助成功的案例

引用成功的案例是非常有效的树立权威的手段。借力时需要注意两点:

第一,不要"借"太多。有位培训师讲"员工职业化心态",一开始就采用借的方式,列举了微软、通用、蒙牛、联想公司的成功案例,一个观点差不多借用了八份资料。全部都是借的,你自己的呢?

第二,有借有还,再借不难。借的就是借的,首先你要说明,这是谁说的,这是谁的案例。不要把人家说的改成自己说的,否则就不叫"借"而是"窃"了。出来混,迟早是要还的。

在培训中,我们常常见到这样的事情:不同的老师讲同一个成功或者失败的故事,情节都一样,只不过主人公不一样。这就如同吃人家嚼过的馒头,多难受。

3. 运用修辞手法的力量

(1) 比喻和比拟

比喻和比拟的修辞手法,在文学创作中需要用到,在讲话中也可以用到。比喻或者比拟能够将一些复杂、深奥的内容简单形象地表达出来,便于学员理解和掌握。

在给上汽依维柯红岩汽车公司做TTT的时候,一位学员讲"汽车的排量、马力、扭矩如何选择"这个内容时,就用了比喻的方式。最开始他将这三个概念进行了解释,然后用一张图表来表示。图片上是一匹马拉磨的情景，他介绍说："汽车功率大小就好比这匹马一天能磨多少粮食，汽车的功率越大，单位时间内做功就越多。扭矩的大小就好比是看马能拉动多大的磨，是只能磨磨豆浆呢，还是能拉动很大的碾子？卡车最直接的表现就是扭矩越大，起步加速越快。"

用这种很形象的方式表达出来，非常容易掌握。

如何运用比喻呢？比喻有两个条件：第一是不同类的事物，第二是有相似性。符合两个条件才叫比喻或者比拟，不要以为用了"像"字就是比喻。

培训的时候怎么用比喻？多用"就如同……""就像……"。

培训就如同旅游一样，培训师是导游，学员是游客。

比喻从哪里来？在生活中寻找。

有一次，一个好朋友讲道："时间就像美味，需要合适的时间和火候。"我在写作本书时，有时思维比较枯竭，于是就想到这句话："灵感就像美味，需要合适的时间和火候。"

只要你留心，处处都有好东东。

(2) 对比和比较

对比和比较的修辞手法表达更直观，给人的印象也深刻。

"战略上藐视，战术上重视"，毛主席的话在我们克服紧张时依然可以运用。

"大棒加胡萝卜"的思想，在人力资源的薪酬设计和人员管理中都可以借鉴。

"没有永远的朋友，也没有永远的敌人，只有永远的利益"，现在是各国外交的座右铭。

"卑鄙是卑鄙者的通行证，高尚是高尚者的座右铭"，这种将对比和比喻结合在一起的方法依然有着实际的意义。

有次给上汽作TTT，一个学员介绍"杰狮"的产品特点，讲到杰狮的舒适性，说驾驶室里面的噪声非常小，只有68分贝。

我告诉他，68分贝是什么感觉，普通人是很难感受到的，这样的说法无法让学员感受到"舒适性"。于是在第二次演练的时候，该学员是这么讲的：

我们公司的产品有四大特征，其中一个就是舒适性。驾驶室的密封效果非常好，在行驶的过程中，驾驶室里噪声很小，只有68分贝。68分贝是个什么概念呢？和杰狮同类型的商用车的噪声一般是90分贝，而奔驰、宝马等高级轿车是60分贝以下，我们的产品是68分贝，声音和普通轿车差不多，这在商用车中噪声是最小的，在开车的时候，还可以听听小曲。

通过和同类型汽车的90分贝以及高级轿车做比较，将68分贝的概念进行了清楚的表达。

（3）排比

连串的排比句显得很有气势和力度，能够让人产生很强的震撼感。

周立波在谈到奢侈品的概念时说：

什么是奢侈品？对于一个癌症病人来说，第二天早上能见到阳光就是奢侈；对于一个贪官来说，按时上班就是一种奢侈；对于一个妈妈来说，买到没有含三聚氰胺的儿童奶粉就是奢侈；对于车友来说，油价能够降一点就是奢侈。

下面一段精彩的表达是QQ群里收集到的，猜猜"他"是谁？

他是一个奇妙的部门，他是一群奇妙的人；
他上得厅堂下得厨房，他偶尔还坐在主席台上。
他有时高瞻远瞩，与老板畅谈人才战略和激励机制；
他有时鸡毛蒜皮，为半个月补偿金跟员工争得面红耳赤。
他有时很匆忙，加着班计算加班、休着假统计休假；
他有时很凄凉，拿着温饱的工资帮领导设计年薪计划。
他要和满腹牢骚的员工谈心，他要替无法无天的制度正名；
他要给说错话的土匪车间主任擦屁股，他要为无厘头的混账工作安排找典故。
他是服务部门，为你上保险、跑银行、安排体检、介绍对象。

他是权力机关，盯着你的迟到早退，算着你的绩效指标，压着你的人员编制，管着你的培训费报销。

他是心思缜密的法律专家，他编的人事制度完美无瑕，任凭你刁钻古怪、见缝插针也没有办法。

猜到"他"是谁了吧？公司的人力资源部门。这样的表述是不是很有意思？

我在培训结束时，会采用下面的结尾方式：

各位伙伴，我们不仅要希望，我们更要相信，

相信我们伟大的国家和民族，

相信美好的时代，

相信我们的企业和领导，

相信我们的家人，

最重要的是，

相信我们自己！

相信天道酬勤，

相信天赋潜能，

相信付出一定会有回报，

相信努力一定会有收获，

相信梦想定能成真！

11个"相信"一气呵成，气势如虹，通常在中途掌声就会响起，直到结束。

（4）夸张

适当的夸张能吸引观众。小品、相声等多用夸张的方式。

培训中的夸张主要包括两个方面：一个是语言文字方面的夸张，一个是表情夸张。这有点类似于文艺表演。

在DISC课程中，为了快速识别各种典型特质，需要采用"望闻问切"的方式。我在讲"望"的时候，就用夸张的表情，模拟各种典型特质的人，

给大家留下深刻的印象。

但是夸张不要过度，同时不要经常夸张，否则学员会以为在看惊悚剧。

活泼型性格的老师尤其要注意这点。他们经常会用"最有意思了""太有趣了""好笑死了""好玩惨了"这些夸张的话，最开始大家还觉得好玩，有些幽默，但是当后来发现"不过如此"时，反而失去了期待。

（5）数字解析

培训中，最难的莫过于阐述数字了，很多枯燥的数字不仅让学员茫然无措，也会让培训师自己头昏脑涨。采用数字解析的方式，可以让你的语言具有说服力。

数字解析并不属于传统意义的修辞手法，但是用在培训中，有很好的说服效果。

妈妈：神六有多快？能飞到天上去。

段烨：不同的阶段有不同的速度。平均速度大概是每小时 2.8 万公里左右。

妈妈：是挺快的！有飞机快吗？

段烨：是飞机的 20～40 倍。

妈妈：20 倍是多快呢？

段烨：飞船速度，每分钟 480 公里左右。

妈妈：480 公里有多远？

段烨：飞船的速度是每秒 8 公里左右，就相当于从我们家里 1 秒钟到"解放碑"。

妈妈：哦，这么快呀。

数字解析是一种很好的说明方式，能够将枯燥的数字形象化。因此广告中广泛运用该方法，比如"××产品一年销售……相当于绕地球××圈"。前面提到的有关汽车 68 分贝的解释，其实也是数字解析。把数字适当解析一下，可以用联想的方式帮助人们理解和记忆。

（6）创新

创新的语言具有新意和时尚感，与时俱进，紧贴生活。

每年都有一些新的语言出现，培训师要多留意，合适的时候可以用在培训中，增加时尚感和幽默感。新的语言包括网络、电视、电影中出现的，尤其是春晚舞台上出现的流行语。微博也是很重要的来源。

用的时候不能堆砌，而是要结合主题，否则学员会把培训当成"流行语言盛典"的现场。

流行语有些是全新的，比如"酱油男""犀利哥""给力""我和我的小伙伴都惊呆了"等，有的则是旧词新解，甚至是别字，比如"神马""鸭梨"等。培训师除了引用这些词以外，还可以创造一些新词。

需要注意的是，旧词新解不是"说文解字"，就是解，也要解得有道理。比如有的培训师解释"团队"这两个字：团是一个"口"字加一个"才"字，"队"是耳字旁加个"人"字，因此"团队"就是"一个有口才的人，对一群有耳朵的人说话"。这种解释，偶尔为之还很有意思、很有新意，但如果持续发挥，问题就来了。比如解释"波"，说成水的"皮"好像还是有道理的。但是"涛"呢，水的"寿"说得通吗？

与时俱进是培训师的基本要求，尤其在信息化社会，就算是讲国学这样的经典内容，也可以用时髦的语言来体现。

在TTT培训中，为提高学员的语言表达和案例搜集能力，有个课程就是"龟兔赛跑故事新编"，要求如下：第一，兔子必输，也就是说每次兔子都会输；第二，输的原因不能重复，比如兔子第一次输是因为骄傲，中途睡觉了，第二次就不能又是因为睡觉而输掉比赛；第三，合理性，就是整个故事要有合理性，说得通，不能有明显的漏洞；第四，要有一定的含义，即通过这个故事能告诉学员某些道理；第五，与主题相关，也就是编的故事与正在讲授的主题是有关联的，用这个故事来说明主题。

每一次的故事新编都会带来很多有意义的内容，激发了大家的创作灵感。

五、关于语言表达的答疑及工具

1. 关于语言表达的疑问

疑问 1：看了本章,好像对培训师的汉语知识要求很高呀?

是的,培训师就是靠语言吃饭,语言能力是培训师的硬功夫,这不是一般的TTT课程能够完全做到的,需要培训师去持续提升。

疑问 2：根据路径依赖原理,要改变是很难的,如何做到呢?

慢慢来,每天成长一点。向小孩子学习,怀着一颗童心,为一点点的成绩欢呼,有点成绩就及时奖励自己。

语言表达对于培训师来说是真正的硬功夫,也是衡量培训师专业水平的重要标准之一。如果说身体语言中的声音魅力、互动技巧等,通过训练很快就可以有所转变,达到立竿见影的效果,那么语言表达的训练是最难也是见效最慢的,这也是一般的TTT课程没有涉及的根本原因之一。不是TTT的授课老师们不愿意教,而是这些改变起来太难,必须要求学员在课后做持续的努力和改变。但就是因为太难,所以意义很大。持续去做,一定会有惊喜等着你!

2. 关于语言表达的工具

工具 1：培训师语言文字测评

工具模板

运用范围：所有培训

目的：判断语言表达水平

适用对象：培训师、培训助教

培训师语言文字测评表

考核事项	0—1—2—3—4—5—6—7—8—9—10		得分
	不好的表现	好的表现	
三大原则	含糊	清楚	
	晦涩	易懂	
	平淡无味	充满吸引力	
专业术语	太多	合适	
语态	不恰当	恰当	
歧义词	多	没有	
修饰语	不恰当	恰当	
语气词	不合适	合适	
惯用语	太多	很少	
称呼语	不合适	合适	
冗长	经常	很少	

说明：本工具既可以做考核评估他人的工具，也可以作为自己评估与检测的工具。

工具2：语言连续性训练

工具模板

用最快的速度朗读完后面的大段文字。

背景：一只小狗帮助一只小猫抓一只老鼠。

描述动物	颜色	嘴巴	尾巴
小狗	黄色	大嘴巴	短尾巴
大猫	花色	小嘴巴	粗尾巴
老鼠	黑色	尖嘴巴	长尾巴

一只狗；

一只小狗；

一只黄色的小狗；

一只大嘴巴的黄色小狗；

一只短尾巴大嘴巴的黄色小狗；

一只短尾巴大嘴巴的黄色小狗帮助一只大猫；

一只短尾巴大嘴巴的黄色小狗帮助一只花色大猫；

一只短尾巴大嘴巴的黄色小狗帮助一只小嘴巴的花色大猫；

一只短尾巴大嘴巴的黄色小狗帮助一只粗尾巴小嘴巴的花色大猫；

一只短尾巴大嘴巴的黄色小狗帮助一只粗尾巴小嘴巴的花色大猫抓一只老鼠；

一只短尾巴大嘴巴的黄色小狗帮助一只粗尾巴小嘴巴的花色大猫抓一只黑色老鼠；

一只短尾巴大嘴巴的黄色小狗帮助一只粗尾巴小嘴巴的花色大猫抓一只尖嘴巴的黑色老鼠；

一只短尾巴大嘴巴的黄色小狗帮助一只小嘴巴粗尾巴的花色大猫抓一只长尾巴尖嘴巴的黑色老鼠。

说明：

1.用最快的速度朗读完所有内容。如果时间在40秒内，证明合格。这是为了训练语速和舌头的灵活性。

2.本工具还可以训练气息，如果一口气能全部朗读完，那么气息的训练也合格了。

3.不要遗漏、重复、发音不清。

4.快速的要点就是注意力集中，完全集中，就可以快速。这也是注意力训练。

本章小结

1. 学习要点

语言表达的3个原则和8项注意、提高语言表达的3种思路和方法。

2. 课后作业

①录制一段自己的讲课视频,看看是否存在某些问题;

②为自己的某一个课程在语言上进行设计,运用各种方法提高语言表达能力;

③多看看诗歌、小说、散文等,增加语言的优美性。

培训师 21 项技能修炼
精彩课堂呈现

第七章 | 魅力展示
发音的专业训练方法

ADDIE小贴士

　　设计好语言文字的内容，这仅仅是做好了基础工作，属于台下的功夫，再好的内容都需要有效呈现，这就需要声音这个最重要的传播工具。声音可以产生晕轮效应，优美的声音可以给你带来无限魅力，倍增培训效果。台上讲课并不是台下聊天，有着不一样的要求。因此，声音需要专门的训练。记住：清楚是表达的第一要素。

一、声音不佳的表现

1. 声音不佳的典型案例

情景描述

一个TTT班的学员罗老师和我交流。

罗老师：段老师，我今天刚给公司新员工做了入职培训，感觉好累呀！

段烨：讲课是很辛苦，哪里累呢？对课程不够满意？

罗老师：我觉得课程讲得还可以，就是嗓子疼。

段烨：讲了多久？

罗老师：讲了半天。

段烨：没有用麦克风？

罗老师：是的，因为人不多，只有二十几个学员，而且我们会议室的话筒是固定的，所以没有用。可能是最近有点感冒，提不上气，只有用喉咙，所以感觉嗓子疼。

段烨：除此之外，还有什么不满意？

罗老师：我后来看了录像，感觉声音太难听了，好像都不是我的声音，尤其是后半段，声音有时沙哑，有时尖厉。

段烨：你现在念"好"字，一口气能坚持多久？

罗老师：好像有20秒吧。

段烨：需要持续练习，至少达到30秒，只有气够了，才可以减轻嗓子的负担。

嗓子疼是内训师常见的现象，每次TTT都会遇到这样的问题，另外就是声音太过平实，没有任何美感，缺乏吸引力。

2. 声音不佳的表现

①**不清楚**。吐字含糊，发音不准，听众听不清楚。
②**没有力度**。音量太小，缺乏力度，给人感觉很慵懒和消沉。
③**过于平实**。没有曲折，始终保持一个声调，没有变化，缺乏吸引力。
④**太过单薄**。轻飘飘的声音，缺乏穿透力。
⑤**沙哑或者尖厉**。如果前面几种状况只是没有美感，但还不至于让人难受的话，那么沙哑和尖厉就是人们最害怕听到的声音了。

二、关于声音的管理学原理和作用

1. 声音表达的管理学原理

（1）晕轮效应

一个好的形象和一个好的声音相比，哪个给人的影响更大？声音能产生晕轮效应。好的外表可以通过各种手段塑造，而一幅好嗓子更多来源于天生。如果说好的形象可以很快建立的话，好的声音则需要很长时间才能练就。

（2）路径依赖

路径依赖不仅仅体现在语言表达方面，也体现在发音方面。对于声音来说，最主要的基于习惯。本书所讲的各项技能中，很多技能可以一学就会，立竿见影，但是声音的改变却很难。

一方面，声音与先天有关，舌头、声带、喉咙、气息、膈膜这些影响声音的因素都是天生的，要想改变，只有通过外科手术。另一方面，呼吸、发音、停顿等，恰恰是从小养成的习惯，要想短时间改变，基本不大可能。

因此，以"声音"为基本工作的职业者，包括播音员、主持人等，在选拔的时候，第一就要看声音的条件，即使选拔上了，还要接受系统的训练。

2. 优美声音的作用

①声音是演讲的基础。 衡量演讲与讲话的最大区别就是"声音",一般的讲话用平常的声音,而演讲用的声音则是经过修饰的,轻重缓急,抑扬顿挫。

②声音是最好的武器。 如果说形象只能给人外在的视觉冲击,那么声音能够引起灵魂的震撼。

如果说形象是有距离的,那么声音是没有距离的。

三、悦耳声音的发音训练

1. 悦耳声音的四大原则

①清晰。 清晰是第一要素,必须确保听众能够听清楚你说什么。
②有力。 听众能够在你的声音中感受到力量。
③热情。 你必须将你的热情倾入到你的声音中。
④悦耳。 声音要有美感,至少不能让人感觉难受。沙哑、尖厉的声音只能是特殊状态,不能是常态。

当然,能够做到清脆、浑厚、深沉就更好了。

2. 培训对声音的要求

有变化才能产生美感,声音的变化主要体现在轻重、快慢、高低、停顿上,一名培训师能够做到这几个要求就足够了。坏消息是,目前国内绝大多数培训师很难真正做到这几点;好消息是,就算没有做到这几点,也依然可以成为优秀的培训师;更好的消息是,其实这些都是可以训练出来的。

内训师或者一般演讲者普遍遇到的一个问题就是嗓子疼,通常讲半天话就会嗓子疼,这是因为他们不懂得如何正确发音。他们讲话是在用力,这样会对嗓子伤害很大。正确的发音是用气，运气的基础是呼吸。所以训练声音最重要的一步就是练习呼吸。

（1）正确的呼吸

当你呼吸的时候，用什么器官吸气？用什么器官呼气？也就是说，吸气是用鼻子还是嘴巴？呼气是用鼻子还是嘴巴？

答案是不一致的。

现在，试着用嘴巴吸气。结果怎么样？是不是嘴巴很干燥？这就是很多人讲话时会感觉到口干舌燥的重要原因之一，也是产生紧张的重要原因之一。

因此，正确的吸气是用鼻腔，而不是口腔。

用什么部位呼气？

通常鼻腔和口腔都可以。但是为了控制气息和声音，就需要用口腔。

最简单的记忆方法是"上进下出"：上面的鼻腔进气，用来吸气；下面的口腔出气，用来呼气。

要想讲话时有足够多的气息，肚子里必须有足够多的气，而一般吸进去的气只存在于人的胸腔，没有进入腹腔，更不用说丹田。如何让气进入腹腔，存储足够多的气息呢？一口气是不够的，必须连续吸气，确保在某个时间段内只进不出，直到自己的肚子鼓胀起来，然后慢慢地将气从喉咙平缓地吐出来。长时间练习，就会形成习惯，讲课的时候，气息就会源源不断。

具体说来，分为以下几步——

- 吸气：尽可能深吸进去。
- 吞气：吸进去使劲往肚子里吞，让气息进入腹部。
- 憋气：把气息放在肚子里，确保气不要跑出来。
- 吐气：发音。比如发"好"字音，尽可能长地发音。

每次TTT的声音训练就是发"好"字音。一口气发"好"字，一般人能在15秒左右，通常不会超过20秒；而一个合格的培训师，至少要达到30秒，这样才有利于在培训过程中正确发音，防止断断续续、声嘶力竭。

足够多的气息除了确保在讲话时提供足够多的能量以外，还会增加你的声音魅力：让你的声音有力，避免孱弱；让你的声音浑厚，避免声嘶力竭。

足够的气息是变声的重要基础。变声是优秀的培训师必须具备的素质。正式场合的演讲与生活中的发音是不一样的，尤其是在人数很多的场合，通常要用假声。假声的训练方法相对比较复杂，前提是有足够多的气息。

当肚子里有足够多的气息时，才能做到轻重、快慢、高低、停顿等基本要求。

声音抑扬顿挫、有轻重缓急之分，这是演讲和一般讲话的最大区别。

我们在每次TTT声音训练的时候，都会选用《世界上最伟大的推销员》中的"十张羊皮卷"作为材料。

《世界上最伟大的推销员》据说是有史以来销量最多的三本书之一，不仅仅是推销员才看这本书，很多政界人士、企业管理者也都学习这本书。这本书的"十张羊皮卷"有具体的训练流程和要求，严格按照要求做，将获得意想不到的收获。

但是事实上，只有一位老师公开说他坚持做了一年，这位老师以讲营销和激励课程为主，至今还活跃在培训师舞台上，成为一线培训师。很惭愧，我仅仅坚持了3个月左右，不过依然取得了很好的效果。我改变声音主要有两个途径：一是听老师的磁带，每天坚持听，随时听；二是朗诵《世界上最伟大的推销员》。本书将选用"十张羊皮卷"中的第一张"今天开始新的生活"，经过删减，作为训练的教材，详见本书第149页。

这张羊皮卷的特点：

第一，简洁。没有多余的内容，甚至没有多余的一个字或者一个标点符号，经常诵读可以养成简洁的说话习惯。

第二，感情深厚。内容上富有情感，而且不断变化，可以训练声音高低起伏。

第三，有美感。运用比喻、排比、反复、对比等多种手法，是一篇美文。

(2) 演讲训练

培训师是否需要演讲？答案是肯定的。尽管演讲不一定是培训，但培训中一定有演讲。演讲是培训中的一个重要部分，没有演讲，就不算高水平的培训。因此，演讲是培训师必须掌握的一项基本能力。

演讲分为以下几步：

①默读。默读你的演讲词，确保每个字正确发音。首先要做的是熟悉内容，避免在演讲中发生念错字现象。

②朗诵。大声地将内容读出来，再次熟悉内容，领会其中的感情因素，注意停顿。

③演讲。大声地读出来，声音有变化，产生抑扬顿挫之感，同时辅以身体语言。

第一步默读是基础，一定不要忽略。有些培训师只停留在第二步，把培训或者演讲当成朗诵，缺乏声音的变化和身体语言的配合。关于身体语言的内容，详见本书第八章。

(3) **声音训练**

①停顿。合理的停顿可以使语言表达更有节奏，增加美感，防止平铺直叙。

产生停顿主要有以下几个方面：

第一，语法停顿。主要是指内容本身结构之间的停顿，包括标点符号停顿、词组停顿和段落停顿。

今天，/我开始新的生活。//

今天，/我爬出满是失败创伤的老茧。//

逗号，停顿短；句号，停顿长；段落之间更长。

第二，强调停顿。也就是为了强调某个内容而有意识地停顿。

今天，/我要品尝/葡萄的美味，还要吞下/每一粒成功的/种子，让新生命/在我心里/萌芽。

尤其是"新生命"需要强调，这里可以停顿。

第三，询问停顿。也就是在提问题的时候，要有意识地停顿。

怎么可能？/我既没有渊博的知识，又没有丰富的经验。

在问号这里停顿，是要引起重视，这是一种自问自答。

培训中运用询问来停顿的案例非常多，主要是为了引起学员的重视。

需要注意的是，很多培训师不敢提问，或者提问的时候也是假提问——提了问题没有停顿，立即进入下文。这样的提问没有用，必须采用停顿的方式，提了问题要停下来，不一定每次都需要学员回答，但是至少要引起他们的重视，停顿下来，留点时间给学员思考。

②**轻重音**。轻音：音调低，音量小；重音：音调重，音量大。

通常情况下保持轻音，需要强调的时候用重音，这样轻重就凸显出来了。

我选择的道路充满机遇，也有辛酸与绝望（轻音）。失败的同伴数不胜数，叠在一起，比金字塔还高（轻音）。然而，（加重）我不会像他们一样失败，（加重）因为我手中持有航海图，可以领我越过汹涌的大海，抵达梦中的彼岸。（再加重，气息更多）

重音主要起强调作用，某个词语、一句话都可以用重音。重音的显著特征是发音的时候要用力，用更多的气息，音量要加大。

轻音和重音的区别不是声音的大小，而是气息的多少，气息少的是轻音，气息多的是重音。如果能将轻重音结合起来，就会产生曲折的效果，美感就产生了。

很多歌曲就是依靠这种轻重音产生美感。《霸王别姬》的歌词"我站在……问天下谁是英雄"，这就是重音，下一句"人世间有百媚千红，我独爱，爱你那一种"，这里有深情的低音。

有一个训练轻音的材料就是《再别康桥》，每次需要用轻音的时候，可以用这句"轻轻的，我走了，正如我轻轻的来"，在讲到"轻轻的"时，有意识地压低声音、压制气息，产生"轻轻的"效果。

③**音调**。这是指音调的高低。高音，是指音调高；低音，是指音调低。高音不一定就是音量大，低音并不一定就是音量小。有时低沉、浑厚的声音更能带来震撼的效果。积极、正面、向上、欢快的时候用高音；忧伤、难受的时候用低音。

怎么可能？（高音）（转低音）我既没有渊博的知识，又没有丰富的经验，况且，我曾一度跌入愚昧与自怜的深渊。（高音）答案很简单：我不会让所谓的知识或者经验妨碍我的行程。造物主已经赐予我足够的知识和本能，这份天赋是其他生物望尘莫及的。

在开场白的时候，往往都用高音展示自己的自信。人们在紧张和自我保护时，通常用低音，这是一种本能，好像怕声音大了会被别人听到。音量大能够展示自信，同时引起听众的注意。当然，在高音的时候，速度要慢下来，如果又高又快，就不是紧张，而是恐怖。声音大、语速慢，可以给人自信而稳重的感觉。

❹**语速**。指发音的速度不一样。积极、向上、欢快、情绪激动的时候，语速要快，反之语速要慢。

事实上，成功与失败的最大分别，来自不同的习惯。好习惯是开启成功的钥匙（快速），坏习惯则是通向失败的大门（慢速）。因此，我首先要做的便是养成良好的习惯（慢速），全心全意去实行（快速）。

相对来说，说话速度的快慢有些难以掌握，这是因为说话的速度来自习惯，甚至和天生的发音器官有关。长时间的习惯养成，在短时间内难以改变。语速是讲话的基础，就算做不到抑扬顿挫，合适的速度还是必须的。适当的语速是顺畅表达的基本要求，也是对培训师的基本要求。

速度的练习包括两个方面：

第一是快。首先要保证快，才能慢下来。慢很容易做到，但快就有些难度。做到快速，有两个要求：一是舌头要转得快；二是要有足够的气息，这是基础，没有气息，舌头转得再快，也没有声音。舌头必须非常灵活，又薄又尖的舌头有优势，相反，又厚又圆的舌头就有些难度。生活中常常用"大舌头"来形容说话不清楚，因此，"大舌头"说话更要注意。

如何增加舌头的灵活性呢？有两个方法：

• 快速朗诵。找一篇合适的文章，快速朗诵。每次TTT训练舌头的灵活性，就是朗诵"十张羊皮卷"。首先尽可能快速地朗诵，这时追求的是速度，暂时不要管准确性；在快速的情况下，再追求准确。

• 在嘴里含一个硬东西说话。古代的演讲家为了训练发声，在嘴里含一颗鹅卵石，大声地演讲。我在TTT中通常用的是水果核。只要能够放进嘴里，什么水果核都可以，如荔枝核、龙眼核、杏核、李子核，甚至可以用棒棒糖。嘴里多个东西还讲话，开始会不适应，慢慢就习惯了。如果已经习惯到感觉没有异物了，同时发声也很正常，听众已经感觉不到你的声音有问题的时候，舌头的灵活性就非常好了。这时把异物取出来讲话就很轻松，要加快讲话的速度也很自然了。本书第六章结尾处的"小狗帮小猫抓老鼠"是一个非常好的训练工具，建议大家多练习。

第二是慢。要让速度慢下来，相比快速难度低一些，关键在于三个方面：

• 大脑指挥舌头。很多快速说话的人是用舌头指挥舌头，所谓"讲话不经过大脑"，想说什么就说什么，完全听凭舌头，根本没有想到去控制速度，常常说话不清楚，像连发的机关枪。其实会讲话的人像狙击手，瞄准了再射，一射一个准。记住，是大脑指挥舌头，控制速度。

• 气息要足。速度慢并不等于没有力度，没有气势。没有力度和气势的根本原因不是速度，而是气息。如果气息不够，再快的速度也显得没有力度；而如果气息足够，再慢的话也有力量。更多的时候，慢速更能体现内在的力量。缓慢有力地说话更能让对方震撼。因此，在慢速的时候，一定要运用足够的气息。

• 咬字清楚。良好表达的一个重要因素就是咬字，将每一个字的发音表达清楚，字正腔圆，放慢速度是最好的方法。缓慢、沉稳、有力地表达，带来的震撼远远超过快速、尖厉的声音。

需要说明的是，"速度快"并不是衡量一个培训师说话水平的标准，也就是说，并不是速度越快，水平越高。我自己曾经有过这样的误区。

记得刚做培训，第一次替补登台的时候，当时机构的负责人就说："段老师，你讲话的速度很快。"我当时并不以为是坏事情，反而以为是好事情，以为说话速度快正表明我思维灵活、熟悉内容。直到有一天，我在台下听一位学员讲课,她的语速也比较快,经常听不清楚,此时我才明白当初老师讲的"速度不是标准,清楚才是标准"的真正含义。

"清楚"是第一要素,而一个真正优秀的老师是根据内容来确定速度的,当快则快,当慢则慢,一切尽在掌握,这才是真正的高水平。

总体要求:优美的演讲要求声音高低起伏,抑扬顿挫,有轻重缓急。

将"今天开始新的生活"做整体的标注,作为训练的一个材料,持续做下去,一定会有意想不到的效果。每天坚持早晚各五次,当然越多越好,同时在每次讲课前可以朗诵一下,找找感觉。长时间做就会形成路径依赖,习惯成自然,当正式上课的时候,效果就出来了。

四、关于声音的答疑及工具

1. 关于声音的疑问

疑问1:我觉得我的声音不好听,可以做培训师吗?

声音是培训师的有力武器,但不是唯一的武器。并不是每个人都"天生丽质",也不是每个培训师的声音都很好听。恰恰相反,很多优秀的培训师声音其实是"不好听"的。

声音只要符合自己的年龄、职业、讲话的场合就可以了,培训师毕竟不是主持人、播音员。声音是可以训练出来的,改变音质很困难,但提高发音水平还是可以的。

疑问2:我觉得我的声音太"嫩"了,像小孩子的声音,该怎么办?

那不一定是坏事情,能够保持"嫩"更是难得。如果你希望自己的声音变得成熟点,可以这么做:第一,音调重点,同时增加发音时的气息;第二,速度慢点,显得稳重。

疑问3:我听自己的录音,感觉声音很难听。

是的,很多人第一次听自己的录音都会感觉很难听,有些人甚至会羞愧难当。多加练习，你就会喜欢上自己的声音。

疑问4：培训的过程中可以喝水吗？我看很多大师都不喝水的。

喝水是生理需求，与是不是大师无关。水能滋润嗓子，让你的声音更悦耳，为什么不喝呢？只不过喝水的时候要注意时机，不要打断自己的思路和学员的注意力。

疑问5：还有其他训练声音的方法吗？到底哪种方法最好呢？

训练声音的方法很多，不同的老师有不同的方法，甚至有老师借鉴播音主持的内容，专门讲这个内容。没有所谓最好的方法，合适的才是最好的。选择一种适合自己的方法，持续训练，就会取得效果。本书讲的是相对比较简单的方法，在实践过程中也取得了很好的效果。

2. 训练声音的工具

工具1：训练声音的文章

工具模板

运用范围：各类培训

目的：提高声音表达效果

适用对象：培训师

今天开始新的生活

今天，我开始新的生活（轻、快）。

今天，我爬出满是失败创伤的老茧（轻、慢、低）。

今天，我（重音）来到这个世上（快、高），我出生在葡萄园中，园内的葡萄任人享用（轻、慢）。

今天，我要品尝葡萄的美味（快、高），还要吞下每一粒成功的种子（慢），让新生命在我心里萌芽（重、慢）。

我选择的道路充满机遇，也有辛酸与绝望（低、慢、轻）。失败的同伴数不胜数，叠在一起，比金字塔还高（低、慢、重）。然而，我不会像他们一样失败（轻、高），因为我手中持有航海图，可以领我越过汹涌的大海，（重）抵达梦中的彼岸（慢、重）。

失败（快）不再是我奋斗的代价（高）。它和痛苦都将从我的生命中消失。（快、轻、低）失败和我，就像水火一样，互不相容（快、重）。我不再像过去一样接受它们（重、快）。我要在智慧的指引下，走出失败的阴影，步入富足、健康、快乐的乐园（快、高），这些都超出了我以往的梦想（重、慢）。我要是能长生不老（慢、重），就可以学到一切，但我不能永生（轻、低、慢），所以，在有限的人生里，我必须学会忍耐的艺术（快、重），因为大自然的行为一向是从容不迫的（慢、轻）。我不留恋从前那种洋葱式的生活（低、快），我要成为万树之王——橄榄树，（快）成为现实生活中最伟大的培训师（快、高、重）。

怎么可能（高、重）？我既没有渊博的知识（低、慢），又没有丰富的经验，况且，我曾一度跌入愚昧与自怜的深渊（低、慢、重）。答案很简单（重、慢）：我不会让所谓的知识或者经验妨碍我的行程（慢、重）。造物主已经赐予我足够的知识和本能（慢、重），这份天赋是其他生物望尘莫及的（慢、重）。

事实上（快、高），成功与失败的最大分别，来自不同的习惯（慢、重）。好习惯是开启成功的钥匙（高、快），坏习惯则是通向失败的大门（轻、慢）。因此（高、重）我首先要做的便是养成良好的习惯（快、重），全心全意去实行（慢、重）。

今天，我开始新的生活。（高、快）

今天，我的老茧化为尘埃（慢、低）。我在人群中昂首阔步（高、快），不会有人认出我来（高、快），因为我不再是过去的自己，我已拥有新的生命（高、快、重）。

工具2：声音表现测评表

工具模板

运用范围：所有培训

目的：提升培训师的声音表达效果

适用对象：培训师、培训主管

声音表现测评表

内容	好	一般	差	备注
音调				
呼吸				
音质				
饱满度				
清音				
弹音				
停顿				
长短音				
音量变化				
节奏变化				
音高变化				
变调				

本章小结

1.学习要点

声音的基本要求。

2.课后作业

①持续练习发音"好"字，至少在20秒以上，在此基础上练习变声"一、二、三、四声"；

②从网上搜索"十张羊皮卷"的录音资料，选取其中某一段持续模仿；

③搜索乔榛、丁建华、李默然等人朗诵的录音资料，持续模仿与学习。

培训师21项技能修炼
精彩课堂呈现

第八章 讲台风范
身体语言的规范表达

ADDIE小贴士

　　语言文字、声音和身体语言是传播信息的三个途径，也是培训师运用最多的工具和手段。其中身体语言的比重更大，所谓"无声胜有声"，指的就是身体语言的作用。身体语言能够传达出语言文字、声音等无法传达的内容，也是培训中最容易出现的硬伤。塑造讲台风范，关键三个字——稳、大、慢。运用好这"三金字"，让你倍增讲台魅力！

一、讲台上身体语言的错误表现

1. 身体语言不当的典型案例

情景描述

在江苏卫视的相亲节目《非诚勿扰》中，男嘉宾刚出场的时候，台上24位女嘉宾会根据对他的第一印象进行打分，感觉好就留灯，感觉不好就灭灯。往往会有这种情况：一开始获得很多支持，甚至是满分的男嘉宾，到后面表现得并不怎么优秀，以失败收场，没能配对成功；而有的男嘉宾最开始获得的支持并不多，到后来却表现非常优秀，成功带走女嘉宾。后来，主持人孟非看到亮灯情况通常会说一句话："这个亮灯情况跟最后的结果没有直接关系。"

在《非诚勿扰》中，还发生过好多次这样的情况：有的男嘉宾留给女嘉宾的第一印象很好，但是当他选择完自己的心动女生后，就会被很多人灭灯。女嘉宾灭灯的原因很简单，"我感觉男嘉宾没有看我"。

很多观众都会觉得这些女嘉宾太轻率了，怎么能凭第一印象或者一个"没有看我"就作出判断呢？其实这是没有明白身体语言尤其是眼神的作用。

当对方对我们缺乏深入了解的时候，凭什么作出判断？就是凭身体语言。因为身体语言本身就反映了我们的内心世界，尤其是眼神，大家通过这个窗户能看到我们的心灵，从而作出判断。

2. 身体语言的错误表现

培训师不仅要掌握身体语言的作用，还要充分运用身体语言的积极作用，帮助自己提高培训质量。但是现实生活中，很少有培训师受过专门的身体语言训练，所以常常见到下列状况：

❶**表情**。要么表情显得僵硬，没有什么变化；要么变化太过丰富，缺乏稳定。

❷**眼神**。眼神游离，迷茫，缺乏力度，闪烁，乱转，看天花板或者地板，不敢和学员对视，只盯住一个地方看。

❸**站姿**。没有收腹挺胸，双脚分得太宽，斜视观众，移动太频繁，或者长期面对某个小区域。

❹**手姿**。手的姿势不佳，小动作太多，手的移动速度过快或者幅度过大。

❺**走姿**。超过规定范围，速度过快，背对观众等。

有一次，机场书店的电视里正在播放一位老师讲某某战略的视频。这位老师表情僵硬，但是手势很多，而且经常就在脸部甚至眼睛前面晃动，观众看久了，就感觉眼前只是一些手势，而忘记了其所讲的内容。

二、关于身体语言的管理学原理和作用

1. 关于身体语言的管理学原理

（1）麦拉宾原理

20世纪50年代，一位研究肢体语言的先锋人物阿尔伯特·麦拉宾发现：一条信息所产生的全部影响力中，7%来自语言文字（仅指文字），38%来自声音（其中包括语音、音调以及其他声音），剩下的55%则全部来自无声的身体语言。

这个原理告诉我们,培训师要把思想、信息准确地传递给学员,文字内容、声音和身体语言,三者缺一不可。最重要的是,身体语言在传播信息方面居然占到55%,这个数字就意味着,如果培训师没有正确运用合适的身体语言,将导致学员无法正确接收你的信息,甚至接收了错误的信息。出现这种情况,原因也许就是你不经意的一个黯淡的眼神,一个眨眼、摸鼻子的小动作,或者是一声叹息。

(2) 短板原理

如果你的身体语言成为你的短板,那将直接影响你的授课质量。

身体语言如此重要,但是,目前的TTT培训中,大多数都是讲课程开发、PPT制作等文字方面的内容,很少涉及专门的身体语言。

在国外,身体语言早已经成为一门独立的学科,叫作"身体语言学"或"微动作学",并广泛运用在商务演讲、沟通、谈判、人际交往、招聘面试以及婚恋家庭中。对于培训这种独特的沟通和交往方式来说,身体语言更是必不可少。

2. 身体语言的作用

第一,更加准确地传递培训师的思想。有些内容,仅仅依靠语言文字和声音是没有办法传递的。比如在开场的时候,培训师平静、沉稳的表情和坚定的眼神所树立的权威和影响力,比任何口头表述更具有力量。

第二,帮助学员全面理解和掌握培训师的意图。学员只凭文字和声音无法全面掌握老师的意图,对于某些"只可意会,不可言传"的东西,只能借助身体语言。

第三,有利于控场。培训师的影响力越强,控场效果就越好。而产生影响力的重要手段就是声音和眼神。眼神尤其重要。眼神是人的能量体现,眼神所到的地方就是你的影响力所到的地方,影响力所到的地方就是你的控制力所到的地方。很多培训师为什么控场能力不足?最重要的原因就是能量不足,也就是眼神力度不够。

第四,塑造讲台魅力。为什么有的培训师在台上神采奕奕,魅力非凡?为什么有的培训师在台上了无生趣、星光黯淡?这就是讲台魅力。优雅的举止、智慧的谈吐都是产生魅力的重要因素,而这其中最重要的就是身体语言。塑造良好的讲台风范,核心就是身体语言。

第五,气场的秘密所在。气场主要靠人的声音和身体语言表达出来,在可视范围内,身体语言是产生气场的最重要因素。

三、标准化的讲台风范

1. 正确运用身体语言的4个原则

- 自信。培训师在台上要有自信,整个身体语言要体现这一点。
- 专业。培训师是老师,就要为人师表,要用专业去征服学员。
- 适度。身体语言是为主题服务的,要根据主题来设计身体语言。培训师不是哑剧演员,也不是小品演员,因此身体语言不要太花哨。
- 稳重。成熟,稳重,大气,优雅。

2. 规范的身体语言的整体要求

(1) 少用小动作

小动作显得老师不够大气。小动作包括:眨眼,眼睛乱看;嘴角乱动;面部抽搐;腿部抖动;手指乱摸。

有一次讲TTT的时候,我模仿一位学员抽动嘴角,没有想到几位学员也跟着模仿,差一点停不下来。我赶紧叫他们停止,不要模仿。

人们为什么有小动作?其实就是来源于生活中的习惯,也许最开始是好奇的模仿,后来做多了,成为习惯,要改变就有些难度了。所以不仅是在上课的时候，就是在平时也要随时注意，一旦发现有小动作就立即停止，长时间这样自我纠正，就会改正过来。

（2）频率要慢

这样显得稳重。手部动作频率慢，脚步移动慢，培训师要善于控制自己。

有一位学员问我怎样让自己显得更稳重。他动作频率快，看上去很有冲劲和激情，但同时也显得不够稳重。我就告诉他，走路的速度要慢下来，然后给他做了示范，又指导他走了几步，结果很快改观。才几分钟的时间，人还是那个人，着装等什么都没有改变，但人仿佛成熟了几岁。

每次TTT我都要训练大家的走姿，就是要大家慢下来。如何练呢？拿一本书放在头上，然后再走动，如果频率太快，书就会掉下来。

当然，慢的前提是有力，有力而慢速才叫稳重。缺乏力量的慢速是慵懒，是缺乏自信的体现。

（3）适当变化

眼神有变化，表情有变化，手势也要有变化，不要长时间保持一个样子。

比如，一位讲国学的大师，面无表情地讲授国学之大道，哪怕在讲"亲和力"的时候，也保持这样的状态。这是"大师"的做法，一般的培训师还是不要学了。

（4）变化频率不要太大

尤其是表情的变化频率不要太快。培训师不是演员，更不是"表情帝"。偶尔眨眼是正常的身体反应，但经常性的眨眼有时会引起学员的误解。

一位活泼型（I型）的女老师讲课，课后有男学员问我："段老师，刚才讲课的老师结婚没有？"我很奇怪："为什么问这个问题？"学员回答："我感觉这位老师对我有意思，一直对我眨眼睛。"我哈哈大笑："你以为她是在给你送秋天的菠菜？"

3. 专业化的眼神训练方法

我曾经给一家医院讲"管理者管理技能训练"课程。结束后,在医院从事管理工作的黄医生用QQ跟我联系。

黄医生:段老师,我怎么感觉你是在给我一个人讲课呢?

段烨:为什么呢?

黄医生:我总是感觉你在看我,好像是讲给我一个人听的。

段烨:呵呵,你去问问其他参加培训的同事,看他们怎么说?

(过了一会儿,她回来了。)

黄医生:我刚问了好几个参加培训的同事,他们都这么说,都以为你只是讲给他们听的,大家的感觉都一样。

段烨:是的,在我眼里,大家都是一样的,我对大家一样重视。

为什么会这样呢?因为我在用眼神跟每一位学员交流,用眼神将思想传递到每一位学员,告诉他,"你在我心中,我是讲给你的"。

眼神是培训师在讲台上很重要的身体语言,恰恰又是很多培训师忽视或者无法掌握的。眼睛是心灵的窗户,培训师通过眼神把内在的思想和信息传递给学员;同样,学员也通过眼神来接收和反馈这些思想和信息。

衡量一个培训师身体语言的重要指标就是眼神。在眼神、表情、手势、站姿、行姿等身体语言中,眼神起决定性的作用。如果一个培训师的眼神不够专业,其他身体语言再好也会打折扣。所以,专业的眼神决定了整个身体语言的效果,进而影响整个培训效果。

(1)培训师的眼神要聚光

聚光的眼神给人专注、有力、自信的表现,对方会感觉受到重视和尊重。因此,练就专注、有力的聚光眼神,是培训师倍增讲台魅力的秘密所在。

相反,散光给人感觉老师心不在焉,或者对学员不够重视。有些培训师喜欢用散光的眼神来表达"目中无人",以为这样可以树立自信。如果培训师眼中没有学员,说明心中就没有学员。培训师心中没有学员,学员心中也不会有培训师。

记住,"眼到之处,即是心到之处"。

(2) 专业的眼神训练

培训师的眼神训练包括两项:"定视"训练和"动视"训练。

①眼神的"定视"训练。"定视"即目不转睛地只盯住一个目标对象看,包括"远视"和"近视"。要先练习"近视",再练习"远视"。"近视"是基础,练好了"近视","远视"就容易了。

"近视"是指近距离地盯住某个固定对象,把它当做"靶子"。"近视"练习的要点:

• 盯住某个固定的"靶子",不要动,不要眨眼睛。

• 使劲用力,仿佛眼球要爆出来一样。

• 靶子由大到小,由面到点。慢慢缩小注意的范围,最后要聚焦到一个点上。

• 保持足够长的时间。每次30分钟以上,让眼泪快速流出来,眼泪流下来也要继续坚持。为什么成年人的眼睛不像小孩子一样清澈透明?那是因为缺乏眼泪的滋润。

刚开始练习的时候,"靶子"可以很大,慢慢地试着把"靶子"缩小,越小越好。"靶子"越小,说明你的眼神越聚光。当你做到"只顾一点,不及其余"的时候,就大功告成了。

我自己练习"近视"的时候,通常是在洗脸时抹上洗面奶,然后直愣愣看着镜子里的自己。开始看的是一张脸,慢慢地缩小到眼睛的范围,然后由两个眼睛转到一个眼睛,再转到一个眼睛中的黑眼仁,最后转到瞳孔。这样范围由大到小,注意力聚焦到一个小点上。

刚开始练习的时候,很不适应,眼睛很干涩,5分钟左右就开始流泪,会情不自禁地眨眼睛,但是要尽量忍住,不要眨眼。到现在,我基本上不眨眼,不管是讲课还是在平时沟通中,完全可以控制。就算眼睛突然遇到刺激,也能做到不眨眼。

"近视"是为了在培训中关注到距离近的学员,那么距离远的学员怎么办？两个方法，一是走近些去关注他，但是培训师不能在台上随便走动。因此只能用"远视"，关注远处的学员，让场内所有的学员都感受到你对他的关注和重视。

"远视"训练，就是看远方的一个"靶子"。

"远视"和"近视"的要点是一样的。首先看大范围的一个目标，慢慢将注意力转向一个小目标，逐渐缩小，最好就定在一个点上。整个就是聚焦的过程，让自己的注意力完全集中到一个点上。

我练习"远视"通常都是在晚上，看着窗外远方的灯光。开始看着一大簇灯，然后注意力缩小到一个灯，然后缩小到一个点。

"近视"是培训师必须掌握的，和学员有单个的眼神交流，尤其是在学员提问的时候要用到。

"远视"能帮助你照顾到在场的每一个人。那些位置离你较远的学员，你需要用这种眼神交流，让每个学员都感觉"这个老师对我很重视，因为他一直看我"。这样就会吸引学员参与，根本不会出现上课睡觉、开小差之类的现象。

"定视"训练可以一个人练习，也可以找人进行双人练习。

相对来说，双人练习比较难。因为人们通常不太习惯看别人的眼睛，尤其是不太喜欢近距离看对方的眼睛。近距离看人，尤其是看对方眼睛的时候会感觉很不自然，通常会眨眼。但是一旦练好了，将直接提升培训现场的魅力。因此，双人练习非常必要。

在TTT培训中，我们通常按照下面的步骤练习，上一步过关了，再进行下一步（两个人面对面站好，身高比较接近，两人的距离在1.5～2米之间）：

- 看着对方的眼睛，尽量不要离开眼睛，可以眨眼，也可以说话。时间在5分钟左右。
- 看着对方的眼睛，可以眨眼，但是不可以说话。时间也是5分钟左右。
- 看着对方的眼睛，不可以眨眼，也不可以说话。时间在10分钟左右。
- 用力看着对方的一只眼睛，不可以说话，也不可以眨眼，用自己的双眼集中到对方的一只眼睛上，开始缩小范围。时间在15分钟左右。

• 双眼用力看着对方一个眼睛的瞳孔,最好是看着对方瞳孔中的"人影",那就是你自己。时间在 15 分钟左右。

每次 TTT 课程,到这个环节,刚开始大家都会笑,因为通常都不习惯这么近距离地看对方,尤其是看眼睛。不过采用这样的方法训练后,到第三步时笑的人少了,到第四步时基本上都不笑了,到第五步时大家都很专注了。

为了提高效果,我们在 TTT 训练中加入竞争环节。两人对视,谁先笑,谁就做俯卧撑。如果两人都笑了,就一起做。这样的竞争机制很好。刚开始大家还在嬉笑,后来基本上没有声音了。大家都专注地看着对方,再后来都专注地看着自己——对方眼中的自己。

这样坚持练习下去,如果没有伙伴一起练,就自己单独练,每天 30 分钟,两个月就会产生效果。

②**眼神的"动视"训练**。"动视"是指目光和眼神的对象在变化,不只是一个目标对象,包括"环视"和"扫视"。可以说,专注地看一个目标叫"定视",专注地看不同的目标叫"动视"。

"定视"是"动视"的基础,练好了"定视","动视"就很简单,因为"动视"是由一个一个"定视"组成的。"定视"是培训师在台上运用最多的眼神。

通常情况下,人们很难"定视",因为眼睛会不停地转动,如果无法控制自己的眼睛,就会在台上滴溜溜乱转,给人感觉"贼眉鼠眼",这不符合老师的专业形象。

"动视"并不是指眼睛乱动,而是有意识地看不同的目标。

本质上讲,"动视"其实也是"定视",只不过,"定视"目标单一,时间相对较长,而"动视"的目标在变化,因此每一个目标的时间较短。所谓"动视"是由一个个"定视"组成的,这是关键点。所以说,"动视"的要求依然是"有力,专注,有规律地转换目标"。

不规范的"动视"如同失去指挥的探照灯,没有规则地乱转;规范的"动视"则是有指挥的探照灯,依照某种标准,有规则地"照视"不同的目标。因此,"定视"像单发子弹的点射,"动视"像连发子弹的点射。

"动视"最难的是指挥自己的眼球,要求眼球按照自己的意识转动。通常人们转动眼球是一种本能，个人无法控制，包括眨眼，很多时候是条件反射。因此，动视的第一步是训练用意识指挥眼神。

如何做呢？方法就是让自己的眼睛专注于某个目标，然后让眼球跟随这个目标移动。这个目标就是自己的手指头。

做法：竖起右手食指，食指尖与眼睛齐平，距离15厘米左右。眼睛专注于食指尖的指甲，使劲盯住，不要离开（定视），接下来做以下三步动作。

第一步，左右移动。食指平行移动，眼睛与食指保持同一高度，眼球随着指尖移动。

要求：

• 头部不要动。注意是眼球随着指尖水平移动，这样才是训练眼球的移动，如果是脖子转动，那么眼球是没有动的。

• 移动速度由慢到快。始终确保眼球随指尖移动。

• 范围由小到大。一开始是在中间区域移动，慢慢地扩大，指尖尽可能向左右最边上移动，目的是使眼球尽可能转向眼角外部。当然，头部要一直保持不动。

这种训练不需要场地，也不需要太多时间，随时都可以，每次保持在5分钟以上。

第二步，上下移动。要求眼球跟随指尖上下垂直移动。目的是训练眼球向上、向下看。相对来说，眼神的左右移动更常用，上下移动的情况则较少。上下移动的做法和左右水平移动除了方向不同，其他要求都一样。

眼球的左右、上下移动是基础，是常用的，目的是"点射"，需要看什么地方就看什么地方，眼神完全在自己的掌握中。除此之外，还有环视。学会了左右、上下移动，环视就很简单。

第三步，圆周运动。就是眼球做圆周运动，产生环视的效果。

这种做法主要是用在：

• 开场的时候。老师一上场就要环视，既是照顾全场，同时也是掌控全场。眼神所到的地方，就是力量所到的地方。

• 课程中。需要照顾全场的时候，也要有环视。

• 结尾的时候。需要做最后陈述的时候，要环视全场。

具体方法：依然是盯着指尖，手指由左到左上，再向右下方，再到正下方，然后回到左边，这样做圆周运动。

- 头部依然保持不动，眼睛一直盯着指尖。
- 速度由慢到快，幅度由小到大。
- 转换方向，可以从四个方向的任何一方开始，只要是做圆周运动就可以。

以上就是"动视"的基本训练方法，最开始需要以指尖作为导航目标，训练到最后，可以不用任何导航，完全随心所欲，想看什么地方就看什么地方，想看多久就看多久，想怎么看就怎么看。

这样的眼神训练虽然很枯燥，但是也很有趣，每次TTT的时候，都会带来很多笑声。为了激励大家参与，我们通常会设置一定的奖励。

看似简单的事物，往往会收到意想不到的效果。对于我自己来说，练眼神除了给自己上课带来直接的培训绩效外，还有意想不到的收获。

我的一个意外收获是，眼睛的视力好了。我在从事这个职业以前，近视300度左右，经过眼神训练之后，现在近视150度左右，基本可以不戴眼镜。

另一个意外收获是，我的记忆力增强了。现在我养成了一个习惯，只要眼睛所到的地方，都是注意力所到的地方。只要用心去记，基本可以做到过目不忘。而良好的记忆力又是培训必须具备的重要能力之一。

奇迹就是经常做那些看似简单而别人不愿意做的事情，而且坚持下来。坚持就会产生奇迹，遗憾的是，真正坚持做到两个月的太少了，但做到了就能得到意想不到的收获。

我只能说"这是一个奇迹"。创造这个奇迹，我能，你也能！

4. 表情的训练

培训中的身体语言，除了眼神以外，还有一个重要环节就是表情。培训师的表情要根据内容的变化而变化，不能长时间采用同一个表情，这样会显得过于僵硬。常用的表情就是微笑。微笑的训练要结合眼神共同展现。

(1) 微笑练习

微笑的要求是 8 颗牙齿。是上面 8 颗还是下面 8 颗？还是一共 8 颗？答案是上下加起来一共 8 颗。

训练方法：第一步，拿出一支笔；第二步，张嘴；第三步，把笔放在嘴里；第四步，坚持半个小时。

是的，就这么简单！伟大的事物往往是最简单的方法。可是，就这么简单，很多人都做不到。亲爱的读者，此时，你做到了吗？

(2) 面部肌肉练习

这个很简单，经常动一动、拍一拍就可以了。如果有人对自己面部肌肉的灵活性不够自信，可以经常活动活动，不要让自己的脸变得像僵尸一样。去网上搜索"表情帝"的视频，学习一下，也是放松一下，效果特好。

5. 手势语言的训练

培训师的另外一个重要身体语言就是手势。培训师在讲台上的手势要注意以下几个要点：

(1) 要多不要少

当你需要用手指的时候，用多个手指，最好是手掌，而不是单个手指，一定不要呈"手枪"状。单个手指指着对方就是向对方挑战。记住，培训场不是格斗场。

(2) 要曲不要直

培训师在台上，无论是整个手臂还是手掌，都要保持弯曲状，不要伸直，不要把自己当成电线杆。

所谓的"站如松"有几层含义：

- 要稳重，像松树一样根要扎稳，底部不能动。
- 身体躯干要挺直。
- 手臂要弯曲有动作。

就像风中的松树一样,既保持稳重,又有相应的动作,这才是有生命的松树。

(3) 要一致不要反差

培训师在台上,双手应该协调一致,不要反差太大。双手的形状不一定完全一样,但是至少要接近,保持一致,给人以平衡的美感。想象一下,如果左手下垂,右手平伸,是什么感觉?交警在指挥交通。

另外,手的语言要和文字内容一致。

TTT培训中,经常用一个案例:变化的西瓜。双手做一个姿势,好像抱着一个西瓜,嘴里念叨"大西瓜,大西瓜",然后双手的距离越来越大,好像西瓜真的越变越大了。这样是不是很自然、很正常?相反,当嘴里念叨"大西瓜,越变越大,越变越大……"时,双手的距离却越来越小,这样言行不一是不是反差很大?

培训师在台上的手势语其实不多,只要符合以上标准就可以,不用太刻意,否则,会把太多的注意力放在手上,而忽略了内容。

四、关于身体语言的答疑及工具

1. 关于身体语言的5个疑问

疑问1:培训师在培训中,整体上对身体语言有什么要求?

整体上的要求是"自信、专业、稳重";当然还有"开放",要保持开放式的身体语言,表明你自己是开放的、坦荡的,对大家是真诚和热情的。这样的举止会吸引学员积极地回报。

疑问2:培训师的身体语言是不是与培训师的风格和性格相关?

是的,身体语言是培训风格的体现,而培训风格是培训师个性风格的体现。培训师的身体语言与培训师的个性有关。

活泼型(I型)表情非常丰富,加上声音的配合,这样的培训师,舞台水平比小沈阳低不了多少。

力量型（D型）刚劲有力，动作幅度大，频率快，但是显得太过强势，给学员很大压力。

完美型（C型）注重细节，举止优雅，但是显得太严谨和严肃，气氛比较压抑。

和平型（S型）成熟稳重，没有多余的动作，但是太过沉闷，生动性不够。

疑问3：怎么协调身体语言、语音语调和文字内容？

这三个内容本身是一致的，是一个整体，就像汽车、方向盘、油门、刹车离合器是一致的，是一个整体。只是为了便于深入学习，才分别予以阐述。怎么协调好三者的关系？很简单，三者都学习。然后不断地在实践中运用。

疑问4：身体语言好像和讲台形象有些类似吧？

是的，它们是一个整体。形体是基础，讲台形象本身就包括身体语言。

疑问5：如果是临时接到任务，要即兴讲话，应该注意什么？有没有最简单、直接、有效的法宝？

无论是即兴讲话还是正式上台，只要是上台，就抓住"三金字"。

第一个字：稳。稳字当头，稳是第一要素，要求站稳脚跟，立场坚定。刚刚上台，不要随意走动，一定要站稳。

第二个字：大。大气。如何大气？声音大，显示出自信。讲台上的声音和平时说话的声音是不一样的，声音一定要响亮。

第三个字：慢。语速要慢下来，这样表达更加清楚，也更加稳重。

2. 关于身体语言的工具

工具：判断学员类型

⬛ 工具模板

运用范围：所有培训

目的：最快时间判断学员类型

适用对象：培训师、培训主管

判断学员类型

类型	表现	备注
支持者	表情：微笑、专注、热情	表示赞成、支持
	坐姿：前倾	
	其他：做笔记、掌声、互动	
反对者	表情：严肃、藐视、厌烦、反感	表示反对、怀疑、厌烦
	坐姿及手姿：后仰、双手交叉	
	其他：摇头、嘀咕、指点、无回应	
中间派	表情：淡漠、迷惘、心不在焉	无所谓的身体语言
	坐姿及手姿：瘫坐、双手下垂	
	其他：自顾自做其他事情、被迫回应	

说明：可以通过身体语言看出学员的态度，并快速判断其类型。

本章小结

1.学习要点

明确讲台要求，掌握训练眼神的步骤。

2.课后作业

①阅读《培训师的差异化策略》第六章关于"气场"的内容；

②持续训练眼神，早晚各一次，每次20分钟左右，3个月就会见效。

培训师 21 项技能修炼
精彩课堂呈现

第九章 | 形式多样
培训模式的选择与运用

ADDIE小贴士

有效选用培训方式I的关键要素。因材施教要求培训师根据学员情况、课程内容选择和实施相应的培训方式。灵活掌握和运用各种培训方式是培训师的核心技能。设计和开发课程是"内容为王",不断学习、掌握、运用各种培训技术是"技术至上",也是提高培训师核心竞争力的重要途径。

一、错误运用培训模式的表现

1. 培训模式不当的典型案例

一个TTT学员孔老师，讲完课后和我交流。

孔老师：我今天给内部讲了"商务礼仪"，感觉不好。

段烨：你讲讲具体情况，哪些不好，是内容上有问题吗？

孔老师：内容上没有问题，我专门买了这方面的光盘，还有你上次给我推荐的书，我觉得内容上没有问题。而且以前讲过，当时效果还可以。

段烨：这次的学员和上次一样？

孔老师：有一部分是一样的，也有新员工，所以我讲的时候把上次的内容重复了一些。当时发现，很多人都不感兴趣了，大家的参与性都不高，开始是那帮老员工，后来新员工好像也受了影响。

段烨：你是用哪种方式培训的？

孔老师：我开始用的是讲授型，因为我看的光盘和视频讲礼仪用的都是讲授型，所以我也是这么讲的。我本来还想用一些训练的，因为上次我听你说过，礼仪课程用训练的方式更好。但我对训练的方式有些拿不准，另外，上次培训也是用讲授的方式，效果还可以，所以我这次还是这么做的，没有想到效果是这样的。

段烨：是的，第一次讲礼仪，介绍些知识，用理论讲授的方式还可以，但如果同样的内容，第二次还是这么讲，可能就失去吸引力了。

孔老师：就是。我发现这个问题后，进行了调整，采用了"实战训练"的方式，但是出大问题了。

段烨：训练会出什么问题？是控场方面吧？

孔老师：是的。刚开始用训练方式，大家感觉挺好的，也很积极，但是后来发现，大家玩得太开心了，一边训练，一边打闹，整个场面很混乱。我一直招呼大家要注意纪律，可是这个时候已经控制不住场面了。最后草草收场，我还有很多内容没有讲。所以我感觉很失败。

段烨：没有关系，重新再来，你好好总结一下，下次一定会有提高的。

这是企业培训师常见的一些现象，主要原因在于对培训的教学模式不太熟悉，不知道如何采用合适的模式。另外，选择好了某种模式，但是相关的技巧不够，也会影响培训效果。

2. 选择培训模式中常见的问题

（1）没有系统学习各种培训模式

很多培训师都是"半路出家"，在没有受过系统的培训技术训练的前提下，"被迫"上台，并没有掌握其中的相关知识和技能。这些培训师主要是通过看光盘，或者参加某些培训，从而学到了关于培训的一些方法和技巧，但是没有系统性，并没有掌握真正的内涵。

（2）不懂得如何选择培训模式

培训模式多样化，要根据不同的主题和学员选择相应的培训模式。有些培训师由于自己没有掌握各种培训模式，更多的是模仿而来，当面临选择的时候，往往靠的是经验，恰恰自己又经验不足，导致选择的模式存在一些问题。

（3）对培训模式的掌控性不强

有些培训师虽然也懂得选用各种模式教学，但是由于相应的技能不足，尤其是缺乏掌控全局的能力，从而影响培训效果。

一位来自服装零售行业的TTT学员讲到这样一个案例：

几年以前，他们请一位老师来培训，培训的主题是"团队执行力"，老师采用的是"教练技术"的方式,讲一段内容,然后让大家实战演练。由于会议室太小,人数又太多,大家演练的时候要把凳子搬出会议室,听讲时又要把凳子搬进来,加上这位老师个子比较矮,嗓门也低,没有控制住场面,所以整个场面显得非常混乱。

二、关于培训模式的管理学原理和作用

1. 培训模式的管理学原理

(1) 情景教学理论

情景教学法是根据培训主题所描绘的情景,创设出形象鲜明的情节,辅之以生动的语言,并借助音乐的艺术感染力,设置一种模拟化的情景,然后在此情此景之中进行一种情景交融的教学活动。因此,情景教学在培养学员情感、启迪思维、发挥想象力、开发智力等方面确有独到之处。

(2) 情境培训理论

情境培训理论是指根据不同的具体情境,实施不同的培训,从而达到提高培训效果的目的。情境培训理论是在情境管理理论的指导之下,结合培训技术本身的特点得出的理论。情境培训理论是一种"权变"思想,表明培训不是僵化和死板的,而是在不断变化的。

情境培训公式:

$$E=f(T, O, S)$$

其中,E (effectiveness):培训效果;T (trainer):培训师;O (object):培训对象;S (situation):培训情境(培训的方式、环境、背景等);f是一个函数。

情境培训的公式表明,决定培训成效的是三个因素:培训师、培训对象和培训具体的情境,三者缺一不可。麦肯锡咨询公司曾经针对培训效果

的影响因素做过深入调查，他们把和培训直接相关的三类人——培训师、培训学员和培训主管——依据培训前、中、后做出分析，得出一个科学的结论：在不同的阶段，不同的角色起到的作用是不一样的。这个结论被培训界广泛采用，其核心思想就是情境培训的思想。

2. 培训模式的作用

内容决定形式，形式又影响内容。根据不同的主题和学员状况选择相应的培训模式，根本作用就是增强培训效果，丰富培训形式，活跃培训现场，最终的目的则是确保培训质量。

三、常用的10种培训模式

1. 课堂讲授法

课堂讲授法是最常见的一种教学模式，也是其他教学方法的基础，可以说，要想成为一名合格的培训师，必须掌握这种方法。课堂讲授法适合以知识和理论为主的课程，因为是讲授，所以涉及的更多是理论，很多学院派的老师都是用这种方法。但理论讲授并不是讲授空洞的理论，而应该讲授实用的理论，而且应该讲授得更精彩。

理论讲授法的主要优点是知识量大，便于掌控；不足是形式单一、学员参与性不够高、没有训练环节。严格意义上讲，单纯的"讲授"不是培训。因为培训和一般的"讲课"相比，最大的区别就是有"训练"。没有训练的讲授只能叫讲座或者讲课。但是任何培训都必须有"知识的传播"，因此必须有"讲授"，所以讲授法是所有培训师必须掌握的一种基本教学方法。

2. 演讲法

与课堂讲授法很接近的一种教学模式是演讲法。二者有些相似，都是以老师"讲"为主，学员"听"为辅。

不同的是，"讲授"不一定就是"演讲"。

从内容上看，讲授法是以讲授知识为主，而演讲法是以改变态度为主。

从表达方式上看，"演讲"比"讲授"更多地运用了身体语言，注重声音的变化和情感的运用。可以说，演讲法比讲授法需要更多的表达技巧和知识。讲授是以传播知识为主，关键在于内容；演讲是以转变态度为主，关键在于表达。演讲具有"传播知识"和"转变态度"的双重功能，如果说"培训=传播知识+转变态度+提升技能"，那么"培训=演讲+训练"。演讲成为衡量一个培训师水平的重要标志，很多管理者并不想做培训师，但是要参加TTT学习，就是因为他们要提升演讲力，而演讲力是管理者的必备技能。在实际培训中，很多时候都是把"演讲"单独列出来进行训练。

目前培训师最欠缺的就是"演讲"。很多培训师会讲课，但是不会演讲。从竞争力角度上看，提升演讲力是增加培训效果的重要手段，也是提高培训师行业竞争力的重要途径。

本书的主要内容就是围绕演讲法而来的，把与演讲有关的内容拆分开来，目的是为了深入地学习和运用。实际上在正式培训中，这些方法是综合运用的。

3. 案例教学法

案例教学法是在培训的过程中，采用"案例分析"的方式，通过设置案例、分析案例、总结提升等系统的手段实施教学的一种方法。案例教学法和案例说明是不一样的：案例教学法是一种完整的、系统的教学方法，而案例说明只是列举某个案例对观点进行说明，并没有对这个案例进行深入的分析。

(1) 案例教学法的特点和要求

①**实战性**。大家参与分析案例，本身就是一种实战，包含了知识、态度和技能三个方面的学习和训练，是将培训的三个功能完整结合在一起的教学方法。

②**典型性**。选用的案例必须具有典型性，能够代表某一类现象。

③**完整性**。案例教学中的案例，跟案例说明中的案例不一样，要求这个案例是完整的，有人物，有事件，有始有终。通过完整的案例给学员提供可供参考的内容。如果仅仅是案例的片段，可能会导致"盲人摸象"，以偏概全。

④**举一反三**。案例分析法要求举一反三，因此，案例分析既要深入下去，又要跳出案例，否则就会就事论事，纠结于某个案例而不能自拔，这样就失去了案例分析的意义。

⑤**难度大**。案例分析法比一般的教学法难度大，主要体现在以下两方面：

第一，无法采集合适的案例。这是目前案例教学中最大的问题。要让案例具有典型性和真实性，难度很大。

第二，对培训师的要求很高。培训师必须具备很强的驾驭能力，除了要求专业知识系统、有深度外，还要具有一定的控场能力、引导能力、提炼升华能力。也就是说，这是集专业知识、实战经验和培训技术于一体的教学模式，所以一般的培训师会用案例来举证，但是很少用案例教学。

(2) 如何用案例教学

第一步，案例加工。

案例教学中，最大的难题是案例的收集和整理，也就是案例加工。案例加工如同文学艺术作品中的艺术加工，培训中的案例必须具有典型性，而现实中的案例更多则是个性化。因此，加工就成为必然。

案例加工的思路：

- 情节加工：就是将某个案例进行情节化，使之更加具体，也更具真实性。

- 人物加工：将多个人物的经历集中在某个人身上，这样就更加有代表性。

在TTT的"案例加工"环节,很多学员在演练案例的时候,对于具体的情节讲得比较模糊,使听众感觉这个案例是假的。因此,我们要求必须将某个具体事物的情节描述清楚。其中一个很重要的方法和技巧就是"时间点精确"。

鹰隼训练班中,学员李康的主题是"冬季皮肤保养":

有一天晚上,我正在做皮肤护理,我嫂子过来跟我交流,问我的皮肤为什么这么好。她非常羡慕我的好皮肤。我告诉她,女人的好皮肤是保养出来的……

当时有学员怀疑这个案例是编的,甚至李康并没有这个所谓的嫂子。其实这个案例是真实的。为什么有人怀疑呢?因为有些情节存在不足,后来,经过训练,李康重新做了修改:

在上周五的晚上,我堂哥家的嫂子从泸州来成都玩,住在我家,晚上我在护肤的时候,她看到我面前的瓶瓶罐罐,很奇怪:"李康,你晚上需要用这么多东西呀?我平时只是用洗面奶洗洗就可以了。"因为她跟我年龄相仿,关系又很好,我就跟她开玩笑:"哈哈,难怪哟,我们年龄差不多,一看你这皮肤,就是我嫂子,比我老多了,哈哈哈。"后来,我给嫂子详细交流了冬季如何做好皮肤的保养……

第二步,案例设计的方式。

案例设计的方式主要有两种:

一种是独立式。是指同样一门课程,在不同环节使用的案例是独立的,案例之间并没有关系,不具有连贯性。比如最常见的MTP课程,在"管理者角色认知"这个环节设计了一个案例:小王刚刚由核心骨干晋升为班组长,他不清楚自己的角色定位,不清楚自己应该承担什么样的责任;在"沟通"这个环节,设计了一个案例:李主管与下属小张发生了冲突。这里的"小王""李主管""小张",他们相互之间是没有关系的。

这是目前案例教学中最常见的方式。这种方式对于案例的要求不是太高，只要能够紧扣主题就可以了。

另外一种是连贯式。就是在某个课程之中，各个案例是连贯的，相互之间是有联系的，各个案例连接起来就是一个整体。"情境高尔夫"采用的就是这种方式。

情境高尔夫中主要有五个人物角色，这五个角色都有某些典型的人格特质：邓超，D型特质为主；艾欢，I型特质为主；苏平，S型特质为主；陈思，C型特质为主；周全，DISC四种特质比较平均。这样，在整个课程中，都是围绕这五个角色给出的案例设计具体情境。比如"情境高尔夫——向下管理"中，从第一洞第一杆到最后一洞第三杆，这些案例都是连贯的。

不仅如此，如果是给同一家企业培训，即使课题不一样，这些人物角色也还是会出现。这就有点类似于"《指环王》三部曲"。比如，北方某银行的培训，第一年给他们讲"情境高尔夫——向下管理"，第二年讲"情境高尔夫——向上管理"，第三年又给他们讲"情境高尔夫——横向管理"。三年的内容不同，但是案例具有连贯性，更加有整体效果。

连贯的案例具有难度，但是效果更好，目前欧美的商学院，逐渐都在采用类似的方式。

第三步，案例呈现方式。

在培训中如何呈现案例呢？方式主要有以下几种：

①**讲授式**。讲授式是指将案例通过讲授的方式呈现出来。这种呈现方式具有生动性，同时对于培训的表达能力有较高要求。另外，如果案例中的情节太多，尤其涉及数据时，运用讲授的方式就不能很好地表达。

②**PPT呈现**。PPT能够将某些口语无法表达的案例更好地呈现出来，尤其是涉及具体的数据时，运用PPT效果非常好。但如果案例内容比较多，一张PPT无法全部呈现，就不适宜用这种方式。

③**发放资料**。将案例打印出来，现场发放给学员，作为大家研讨的资料。这是案例教学中最常用的方式，能够将案例完整地展示出来，同时又便于大家共同研讨。采用这种方式，要注意两点：一是控制好时间，二是最好结合分组竞争的方式。

④**视频展示**。用视频展示案例,比文字和语言更加具有情节性,对学员更有吸引力,逐渐成为一种比较先进的方式。采用这种方式,主要问题是视频的收集和整理,方法有两种:第一,截取式,就是截取电影、电视的某个片段,作为视频资料;第二,自制式,就是自己设计具体的情景,并拍摄成视频。目前,摄制视频主要是在国外采用,比如"情境管理","情境高尔夫"的第二级版本也是采用这样的方式。

视频教学是案例教学中一种非常好的呈现方式,培训师在培训中应尽量采用。

4. 角色扮演法

角色扮演法是指在培训过程中让学员扮演某种特定的角色,以这种角色的身份去实施培训的一种培训模式。这种教学方法类似于互动中的角色扮演法,只不过作为教学模式的角色扮演法要求更高。

角色扮演法的特点和要求:

❶**对角色的要求要明确**。在正式开始前,一定要将角色的具体背景和特点介绍清楚,同时扮演过程中的各个规则也要阐述清楚。

❷**选择合适的学员担任角色**。角色扮演法对学员的要求比较高,他必须扮演得"像那么一回事",如果"演技"太差,根本无法达到效果,反倒会冲淡了主题,破坏培训流程。

❸**举一反三**。角色扮演结束后也要做到举一反三,最好是由"角色"来说话,谈谈自己扮演角色的真实感受,然后由培训师来引导和提升。

角色扮演法可以是培训中某一个环节阶段性的角色扮演,如让学员去扮演某个角色完成一项任务,也可以贯穿于培训的整个过程。通常的角色扮演法只是阶段性的。

角色扮演法的操作要领是:扮演前明确规则,扮演过程中要注意控场,扮演结束后要总结、提炼。

5. 道具教学法

道具教学法是指用某个具体的物体作为一种教学工具，围绕这个教学工具进行培训的方法。道具教学法也称为道具法，只不过"道具"有时是假的，有时是真的。在财务管理培训中的"沙盘模拟"，其实也是道具教学。

道具教学法的特点和要求：

道具法具有真实性和实操性的特点。这也是一种互动的方法。通常，道具法仅仅是培训中的一个环节，就算是全场实物演示，时间也不要太长。像操作某个设备、机器、工具等，都可以用实物演示法。

道具法最重要的一点就是培训师自己对道具要熟悉，不能出差错，既然自己是老师，就要求比一般的学员水平高。在实物演示过程中，有时会有学员要求老师首先演示一下。

6. 游戏活动法

游戏活动法就是在培训过程中引入游戏和竞争活动等，让学员在实际操作中去感受和体会的一种教学方法。

游戏活动法的特点和要求：

①**项目的科学性**。选择的项目一定要有科学性，包括实用性和代表性，要与实际工作结合起来。

②**控场要求高**。这种培训模式要求培训师有较强的现场把控能力和引导能力。

③**提炼原则和方法**。活动或者游戏做完了，需要提炼结论，不是为活动而活动，不要让学员觉得只是好玩，而是要从这个项目中提炼出一些通用的原则和方法。

最具游戏活动法特点的是"户外拓展训练"。这是将活动、游戏全部纳入培训的一种培训模式，曾经红极一时，现在慢慢走下坡路，究其原因，主要在于项目缺乏创新，另外培训师的专业水准也是制约其发展的瓶颈。

7. 小组竞争法

小组竞争法是指将培训学员分为各个小组参与竞争的一种培训模式。小组竞争法并不是单独的培训模式，而是其他培训模式的一种补充。

小组竞争法的特点和要求：

- 激发学员的参与意识。
- 提升学员的积极性。
- 实战性强。
- 控场要求高。培训师要有较高的控场能力，否则竞争太过激烈，场面容易失控。

这也是很受学员欢迎的方式，但不是任何课程都要采用这种方式，主要看主题和学员情况。除了讲授法、演讲法以外，态度和技能类课程都可以采用这种方法。

采用这种方法的一个关键点是分组要合理。通常，分组的维度有——

- 性别：每个组的男女比例最好一致。
- 年龄：年龄都差不多。
- 体型：高矮胖瘦都差不多（主要用于游戏活动法等需要体力的培训）。
- 学历：比例一致，智力也接近。
- 岗位：不同的岗位和职务交叉在一起。
- 地域：最好每个小组都由来自不同地域的学员组成。
- 单位：如果学员来自不同的企业，最好打乱，防止出现"小团体"。

这是一般分组所要考虑的维度。要在一次分组中考虑以上各个维度是很难的，因此必须以某个维度为主，其他的为辅，依据就是课程内容。

有些培训师喜欢随机分组，这种方式不太好。因为这样可能造成小组的组成差距过大，导致后面竞争的成绩差距太大。我分组通常都是以性格特征为主，先给学员做DISC人格测试，再依据黄金搭档的组合原则，将学员分组。大家的水平都差不多，这样竞争不相上下，更为激烈。

以上七种教学模式是最常见的，每种模式各有优劣。有没有新的模式，能够将以上几种模式结合起来，集中优点、博采众长呢？有，就是接下来的两种模式：

- 情景训练：讲授法+演讲法+活动法+分组法+角色扮演法+道具法。
- 情境高尔夫：讲授法+演讲法+案例分析法+角色扮演法+分组法。

简单地讲，以游戏活动为主的是情景训练，以案例分析为主的是情境高尔夫。这两种模式是综合性的培训模式。

8. 情景训练法

情景训练培训模式是以情景教学理论作为指导思想，以情景模拟作为主要特征，综合运用理论讲授、活动游戏、角色扮演、分组竞争、道具教学等多种教学模式的一种培训方法。情景训练法从20世纪90年代诞生以来已经风靡欧美，是目前最先进、最有效的培训模式，获得了受训企业的大力欢迎和赞赏。

情景训练遵循"四三二一"的操作原则：40%的实用理论讲授，30%的管理实战训练，20%的典型案例分析，10%的全面总结提升。强调理论与实践结合，讲授与体验互动，情商与智商并用，对学员进行全方面、多角度、系统性培训，以获取最佳的培训效果。

情景训练模式和传统训练模式及户外拓展训练模式的区别如下：

分析纬度	传统培训模式	户外拓展模式	情景训练模式
培训场地	室内	室外	室内室外结合
培训主体	培训师	学员	学员和培训师互动
培训内容	强调知识	强调实践	知识和技能结合
参与方式	脑力为主	体力为主	脑力和体力并用
实施方式	讲师讲授为主	学员体验为主	讲授和体验结合
与工作关联性	专业知识与实际工作相关	拓展活动与实际工作关联不大	情景模拟，与实际工作紧密相关
培训效果	一般	较好	最佳

9. 情境高尔夫

情境高尔夫这种培训模式诞生于 20 世纪 70 年代，由教练技术的开创者蒂莫西·高威将高尔夫运动与管理学结合起来，成为一种全新的培训方式，后来，这种模式逐渐被著名学府哈佛、沃顿商学院运用在教学中。许多专家在研究中发现，比尔·盖茨、杰克·韦尔奇、乔布斯等著名的企业家和高管，他们既是管理精英，又是高尔夫高手。通过深入研究，他们发现企业管理行为和高尔夫运动有着惊人的相似：尽管行业不同、背景各异、个性有差别、能力有差距，但是他们都拥有成熟稳定的思维模式和行为模式，让他们在面对无数纷繁复杂的问题时总能迎刃而解。

这种稳定的模式就是 GROWAY 模型。G：目标（goal）；R：现实状况（reality）；O：提出议案、方案（offer）；W：工作、实施（work）；A：调整，使一致（accord）；Y：获得收益（yield）。

这种模式和高尔夫运动刚好一致：G：目标球洞；R：分析球洞所在的位置、距离、方向及球手拥有的资源；O：选择相应的球杆，设计角度、力度等击球方案；W：击球；A：调整，再次击球；Y：计算成绩。

于是，管理学家们结合情境管理的理论，运用行动学习的手法，将企业管理和高尔夫运动有机结合起来，诞生了全新的行动学习的高端培训模式——情境高尔夫。

（1）情境高尔夫的概念

情境高尔夫是将情境管理理论和高尔夫运动结合起来的一种全新的培训方式，是通过设置管理情境，运用高尔夫运动的操作流程，采用全程情境模拟和案例分析的行动学习的培训模式。

（2）情境高尔夫的特点

①**情境模拟性**。情境高尔夫将整个培训设计成一种管理情境，参与者充当某个角色，以完成某项任务为背景，将管理情境和高尔夫情境结合起来，依据国际高尔夫的标准 18 洞，设置 18 种管理情境，每种情境有 3 个步骤，每个步骤有 4 种选择，学员实战操作，循环反复，直到 18 情境全部

完成，并进行相应的评分。

②**案例严密性**。同一般的案例教学相比，情境高尔夫的最大区别在于其18种情境、54个案例是按照"计划、组织、实施、监控、评估"的管理流程设计的情境式案例，案例之间具有严密的逻辑性和连贯性，前一种情境案例的处理将引出新的情境案例，这样每个案例环环相扣，密切联系，真实地体现出管理的连贯性和紧密性。

③**行动学习的方式**。情境高尔夫采用行动学习的培训模式，以学员为培训主体，通过运用"视频教学、世界咖啡、情境模拟、案例分析、管理游戏、观点辩论、小组竞争、管理测试"等多种行动学习工具，激发全体学员智慧，突破思维盲区，启发全新思维，重塑思维模型。同时设置"课前作业、课中训练、课后报告"等前中后结合的模式，形成一个完整的培训流程，真正做到实战式训练。培训师则为教练，在培训过程中介绍课程背景、补充场景、监督培训规则、引导过程、点评结论和提炼要点。

④**理论和实践相结合**。情境高尔夫的课程流程是"管理情境介绍—学员实际操作演练—总结提炼"模式，将管理理论完全融入管理情境中，学员运用管理理论去实施和操作，最后通过归纳得到提升。整个过程没有所谓的标准答案，而是依据"情境管理"的原则，通过大家的集体探讨、观点的激烈辩论得出最佳答案，同时由单个案例上升到规律性的通用法则，从而提升培训的迁移能力，帮助学员将所学知识和技能运用到实际工作中。

⑤**测评和训练为一体**。情境高尔夫是将培训者的管理技能水平测试和训练完美结合的一种全新方式，培训的内容就是模拟管理现实设计的，在授课过程中，4个备选答案的选择，其实就是对管理者的一种测试，然后据此相应地授课。培训结束后，参训者对54个案例（管理情境）的选择结果和得分能反映出其实际的管理水平，为企业提供评估依据。同时又结合现场培训，帮助管理者提高相应的管理水平。

⑥**流程的科学性**。情境高尔夫的流程是CTC模式，即课前咨询—课堂训练—课后辅导，是一种将培训前中后相结合的完整的流程。

课前咨询C（consultant）：包括调研、访谈、收集案例、整理加工、设计情境，使培训具有针对性；

课堂训练T（training）：包括理论讲授、专业测评、案例介绍、内部讨论、统一结论、观点发布、要点辩论、总结提炼、最终得分等内容；

课后辅导C（coaching）：包括效果评估、专业考核以及行动承诺，提供培训报告、后续辅导建议及计划等内容。

10.行动学习

行动学习是最近兴起的一种培训方式，现在尤其在北京、上海、广州、深圳等地得到广泛运用，很多培训师都参与其中，不断地学习和运用。行动学习法产生于欧洲，英国瑞文斯（Reg Revans）教授是其重要创始人。在这个课程中，每个参与者所在的机构都提出了一个比较棘手的问题，他们被交换到不同于自己原有专业特长的题目下，组成学习团队，群策群力，互相支持，分享知识与经验，在较长的一段时间内，背靠学习团队，解决这些棘手的难题。通过实践，这种方法获得了成功，并被称为行动学习法。

与行动学习相关的一种培训技术叫"引导技术"，也是最近几年掀起的一股热潮。

关于行动学习和引导技术的具体内容，读者可以去网上搜索，也可以参加由各个协会组织的各种认证班。需要注意的是，并不是所谓越先进的培训方式效果越好，不要跟风学习，作为一名培训师，应该根据自己的实际情况选择学习和运用某种模式。关于这部分内容，《培训师的差异化策略》有专门的阐述，感兴趣的读者不妨一读。

四、关于培训模式的答疑及工具

1.关于培训模式的5个疑问

疑问1：如何选择培训模式呢？

选择培训模式的依据包括：课题的需要、学员的状况、自己的培训技术。三个方面缺一不可。

疑问2：有没有最佳的培训模式？

培训模式是随着培训技术的不断发展而变化的。衡量培训模式效果的最终标准就是培训质量。每种主题都有最合适的培训模式，没有一种培训模式可以"大小通吃"或者"包治百病"。相对来说，"情景训练"和"情境高尔夫"综合了其他培训模式的优点，但是不一定适合每个主题，也不一定适合每个培训师。

疑问3：印象中，高尔夫培训是一门课程，怎么是一种培训模式呢？

自蒂莫西·高威提出来将高尔夫运动与企业管理相结合以后，国外一些顶尖高校都在运用这种模式。后来，中国台湾地区的一些培训师借鉴国外的模式，开发出这样一个课程。此后，经过更多培训师的不断深入研究和开发，逐渐形成一种教学模式，同时也形成几个流派。

相对其他的高尔夫课程，情境高尔夫具有以下特点：

①**情境管理理论**。以情境管理作为整个指导思想贯穿始终，是权变的管理思想。

②**性格分析**。内容上，以性格分析为一大特色，包括对管理者本人以及管理对象的性格分析，针对不同的个性实施不同的领导。

③**测评功能**。如前所述，培训的内容就是模拟管理现实设计的，在授课过程中，每个备选答案的选择其实就是对管理者的一种测试。培训结束后，管理者的选择结果和成绩直接体现了他的实际管理水平。这样既为企业提供了一份管理水平的评估依据，同时又结合现场培训，帮助管理者提高相应的管理水平。

④**情景模拟**。情境高尔夫以特定项目作为情景模拟。18洞、54个案例按照完成整个项目来进行设计，案例更加具有连贯性和系统性。

目前，情境高尔夫培训已经形成课程体系。只要是技能类的课程，都可以运用情境高尔夫模式，因此情境高尔夫是一种培训模式。

疑问4：高尔夫培训模式这么先进，为什么现在能够讲这个课程的培训师不多？

这是由高尔夫课程本身的特点决定的。第一，这是一个高端课程，对培训对象有较高的要求，包括该企业的培训管理水平、企业的学习文化、培训对象的现有基础等。第二，高尔夫课程对培训师有较高的要求：

①**案例的设计能力**。情境高尔夫课程最大的优点是全程案例分析。这些案例并不是培训师闭门造车自己想出来的，这就要求培训师有足够丰富的实战经验，对案例有着深刻的体验和认识。同时，如果是内训的案例，必须采用培训对象所在的企业发生的真实案例。但是又不能照搬，必须将真实的案例提炼成典型的案例，这样才能真正帮助学员举一反三，而不是就事论事。

高尔夫模式首先提出一个场景，然后提供4~5个选项，让学员分组讨论，选择最优的一项。那么备选的选项设计就成为关键。第一，这几个选项必须具有相似性，不能一眼看出谁是最佳答案；第二，这几个选项要具有合理性，必须能从某个角度解释得很清楚，否则，解释不通，还会带来更大的争议。这个课程开发的难点难住了很多培训师。

②**现场的驾驭能力**。高尔夫课程以大家分组讨论最佳答案来推进，每个备选答案都存在一定的合理性，这样就会带来很多争议。现场PK会非常激烈，场面完全有可能失去控制。这时候，培训师是不能用标准答案来说服人的，更不能用"合理的要求是锻炼，不合理的要求是磨炼"这样的套路来控制局面。这对培训师的控场能力提出了很高的要求，控制不好就有可能草草收场，不了了之。

此外，高尔夫模式对培训的理论提炼提出了更高的要求。要引导学员从个性化的案例中总结出通用的规律，培训师必须有较强的理论基础，才能引导大家由此及彼，举一反三，否则就会陷入就事论事的旋涡而不能自拔。

③**培训后的评估报告**。高尔夫培训模式还有一个重要特色，就是在培训结束后，要对整个培训过程以及学员表现提供评估报告，指出优点和存在的不足，并且提出改进意见。这其实是咨询师要做的事情，也是对培训师提出的更高要求。

综上所述，尽管高尔夫模式非常有效又很受学员欢迎，但实际运用的并不多。不过请相信，好东西终将被市场所接受。高尔夫课程必将越来越受到企业的欢迎，越来越多的优秀培训师会采用这样的培训模式为企业服务。

疑问 5：一个课程只能用一种培训模式吗？

一个完整的培训，肯定包括多种培训模式，同时包括多种方法，因此，某一个课程应该以某种培训模式为主。

2. 关于培训模式的工具

工具 1：培训项目 GROWAY 模型

工具模板

运用范围：游戏、沙盘项目

目的：整体控制项目推进

适用对象：培训师、培训助教

培训项目 GROWAY 模型

标题	内容	备注
目标（goal）：确定训练项目的目标		
现实状况（reality）：分析现有资源		
提出议案、方案（offer）：设计实施方案		
工作、实施（work）：按照计划操作		
调整、使一致（accord）：监控过程，及时调整		
获得收益（yield）：总结，提升		

工具 2：训练项目点评表

工具模板

运用范围：学员训练项目

目的：掌握培训师指导训练项目的情况

适用对象：培训师、培训助理

训练项目点评表

项目名称：_____ 培训师：_____

要求	好	一般	差	备注
准备充分				
详细观察记录过程				
由现象得出结论				
引申到实际工作				
由个性到普遍				
时间控制合理				
指导及点评时机				
抓住典型现象				
避免结论武断、单一				

说明：本工具主要是考核培训师在项目进展中的工作状况，并找出差距。

本章小结

1.学习要点

掌握各种培训模式的特点和操作方法。

2.课后作业

①掌握最常用的培训模式；

②为自己课程的每个环节设计具体的操作模式。

第十章 | 坚实保障
培训管理的方法和工具

ADDIE小贴士

　　ADDIE中的I主要指培训的实施管理，包括培训前、中、后的各项管理。培训管理是确保培训顺利进行、达到培训目标的重要内容和必备措施。把培训管理放在I中各项内容的最后，也就是意味着其作用更大。在培训师、培训学员、培训管理这三个决定培训质量的因素中，最容易忽视的就是培训管理，因而也最容易出问题。作为培训师，除了讲课以外，还应该在培训管理上下功夫，以确保培训顺利进行。

一、缺乏科学的培训管理的表现

1. 培训管理不当的典型案例

我在微信群里看到这样一条信息——一位职业培训师的自白,是一位培训师描述的自己某次培训的亲身经历:

航班取消没有关系,我可以转乘火车去目的地;

没有直达火车没有关系,我可以转一趟火车,倒一趟中巴车,然后再转一个摩的去到目的地;

没有人接待没有关系,我随便找个小店也能凑合;

没有预订酒店也没有关系,我可以就近找一家将就住;

酒店没有空调也没有关系,我可以打开窗子,还可以呼吸新鲜空气;

早上上课没有车接送也没有关系,我可以自己打车去会议室;

早上没有早餐也没有关系,一个面包、一杯牛奶就可以解决;

会议室没有人布置也没有关系,我可以自己动手,还可以按照我自己的要求做好;

没有培训助教也没有关系,我可以做好热身,还可以灵活地安排上下课时间;

中午没有专门的休息室也没有关系,靠在讲台上小睡一会儿,下午一样精神抖擞;

课程结束没车送还是没有关系,我可以自己走,只不过转几趟车而已;

无论发生什么都没有关系,我一样可以顺利完成培训,因为我是职业培训师,因为培训是我的工作。

这段自白当即引起了大家热烈的讨论。大家在佩服这位培训师"职业精神"的同时，作为同行，也为其种种境遇鸣不平：培训师的主要职责是讲课，那些培训助理在干什么？他们的职责是什么？如果后勤的管理工作做不好，是会影响课程质量的。

情景描述

在写作《培训师的21项技能修炼》时，一家公司的培训负责人在QQ上联系我。

段烨：我正在写一本书，名叫《培训师的21项技能修炼》。我这里有个提纲，你看看，欢迎多提意见。

负责人：我看了，21项修炼都很好，很实用，都是培训师们需要的。我有个建议，可以增加"培训管理"这么一章。因为我们在培训的过程中，发现很多企业不懂得培训管理，包括会议室的选择、课桌的摆放以及一些教学设备的准备等，每次都弄得我们很辛苦。

段烨：哦，培训管理属于培训主管需要掌握的内容，我这本书主要针对的是培训师。再说，布置教室这些还需要讲吗？

负责人：段老师，是这样的，我觉得你这本书除了适合培训师以外，像我一样的培训主管也能学到很多东西，虽然只看了你的提纲，但是发现很多内容都适合我们这种培训组织者看。我觉得我们每个培训组织者都应该掌握培训技能，比如书中提到的培训评估、需求调查等。

段烨：是的，很多内容都适合培训主管看，因为很多培训主管也是公司的内训师。只是我觉得，布置教室这些事情不需要我写了吧，作为培训主管都应该知道的。

负责人：对于经验丰富的培训主管来说，这些是小儿科，但是很多培训主管是新手，他们还是很需要的。

后来跟名仕领袖学院的产品经理梁老师交流，他也提到类似的问题，认为很多企业的培训主管不懂得如何正确组织一次培训，他们也需要系统学习培训管理。

第十章 坚实保障
培训管理的方法和工具

几个培训师好友也交流过这个问题,他们都感受到,培训组织得不好,就会影响培训质量。

在我们组织的"职业培训师训练班"中,有个学员朱老师就谈到了这样一个案例。

朱老师:我给一家上市公司讲课过程中出现了几个情况。第一是时间推迟了。原来计划是9:00开始,但是那天他们早上有例会,开了45分钟,到10:00才正式开始,整整推迟了1个小时,完全打乱了我的课程计划。

段烨:例会?此前,培训主管没有告诉你有例会吗?

朱老师:没有告诉我呀,我们还做了培训时间安排,注明是9:00开始。另外,培训的教室也有些问题。那个教室很大,大概能容纳200人,但是那天只有32个学员,整个场地显得空荡荡的。

段烨:这是有些影响。

朱老师:这还不算。关键是那天没有麦克风,他们此前告诉我说,音响不太好,我想只有30个人,没有麦克风也无所谓,但没有想到是这么大的教室。

段烨(笑了):看来是运气比较差。

朱老师:还有,这个培训教室是在他们的办公楼上,这个办公楼离他们的工厂很近,在教室里能够听到机器的轰鸣声。

段烨(有些忍不住了):还有比这更差的吗?

朱老师(开始尖叫了):有,中午他们安排学员统一吃饭。本来他们是有员工食堂的,但是为了显示对本次培训的重视,专门单独做的饭菜,可包间不够,一次只能坐两桌,结果30多个人吃饭就花了1个小时。要知道我们下午是1:30开始的,又是夏天,大家都没有午休,刚吃完饭就匆忙上课了。下午不仅学员想睡觉,我自己都想睡觉。

段烨:中午耽误时间了,你可以延迟一下结束呀。

朱老师:不行,因为他们是下午5:00的班车,所以必须在下午5:00前结束。原来计划下午是4个小时,1:30开始,到5:00只有3个半个小时,加上上午耽误1小时,时间根本不够。

段烨(哈哈大笑):看来你真够惨的。

朱老师:是的,这是我印象中效果最差的一次,但其实我自己的课程准备得挺好的,就是因为这些场外的因素,所以感觉很遗憾。

2. 培训管理不到位的四大表现

《培训师的21项技能修炼》出版以来,得到广大读者的认同,除了培训师,更多的读者就是企业的培训主管,以及培训机构的培训助理。每次遇到他们,总会说"段老师,我觉得您的书对于我们培训助理很有用,我都需要学习,尤其是培训管理方面"。作为曾经的培训主管,同时又做了多年的职业培训师,我也遇到很多类似"我的自白"中的情景,深感规范的培训管理对培训师的重要作用,可以说它是确保培训顺利进行以及提升培训效果的重要保障。总结一下,培训管理中主要有下列问题:

- 时间安排不合理,包括开始时间和中途休息时间。
- 教室选择不合理,要么太大,要么太小,要么有噪音干扰。
- 教学辅助设施准备不够。
- 后勤辅助不够,交通、食宿安排不够周到。

以上都是培训管理过程中常见的问题,这些看似鸡毛蒜皮的小事,其实对培训影响很大。

二、培训管理的管理学原理和作用

1. 培训管理的管理学原理

爱屋及乌效应,有时也称为"恨屋及乌"效应。培训师的主要工作是授课,培训辅助工作由培训主管负责,那为什么培训师也要掌握培训辅助工作呢？因为辅助工作会影响培训的授课质量。如果辅助不到位，完全可能影响培训师的现场发挥，就算培训师调整好自己，这些因素也会影响学员的状态，他们也许会因为对后勤工作不满，引起对培训师的不满，从而影响培训效果。

2. 培训管理的作用

培训管理最重要的作用就是：确保培训顺利进行，不给培训拖后腿，避免对培训造成负面效果。

三、培训现场的辅助设施注意事项

影响培训的因素很多，包括培训时间的确定、培训的对象、培训的人数，以及交通、食宿等，都直接或者间接地给培训带来影响。但这些事情很多时候是不可更改的，也是培训主管无能为力的，在此不过多阐述，而是阐述通过努力能够带来转变的工作，也许仅仅是一些简单的改变，就能给培训带来很大收益。

1. 教室的选择

（1）教室的形状

培训教室通常是长方形、正方形和圆形，最好是长方形。

（2）教室的面积

培训教室的面积需要多大呢？这要按照学员人数计算，同时结合培训形式来看。

如果是讲座型的，学员多，每个人所占区域就较小，人均在1.2平方米左右。

如果是训练型的,人均在 2 平方米左右,最多不要超过 2.5 平方米。

太空旷的教室显得很冷清。教室太大了怎么办?如果不需要在室内搞一些活动,教室太大了就可以隔开。如果没有办法隔开,就要将桌椅尽量地靠近,显得气氛热烈一些。

一次 TTT 内训中,用的是企业自己的会议室,比较大,大约 150 平方米,学员只有 28 人,感觉很空旷。我当时把学员分为 4 个组,每个组占的位置比较大,这样相对来说就不是太空旷,我也可以照顾到全场。但是学员上台演练的时候,由于他们的声音和形体,包括控场方面不足,影响不到台下的学员,导致气氛很差。这时既不能换教室,又不能找东西隔开,我就让大家把 4 个组的桌子都向中间移动,这样距离靠近一些,气氛随之改变。

另外,现在许多酒店的会议室都铺上了地毯,显得很高档。但是对于培训来说,这样反倒不好:第一,地毯吸音,会让培训师的声音变小,如果没有用麦克风,声音会更小;第二,地毯会给人很温暖和柔软的感觉,很舒服,人一舒服就想睡觉,所以最好不要选择有地毯的教室。如果有地毯,培训师就要注意,一是讲课声音要大,二是要注意防止学员睡觉。

教室的高度也要注意:太低了,很压抑;太高了,太空旷,需要更大的声音。高度最好在 4.5 米左右。

(3) 教室的光线

一是自然光要充足,给人舒适的感觉。二是灯光要调试好,尤其是在讲台上,既要防止灯光太亮,看不清投影布的内容,又要防止灯光太暗,看不到培训师。在正式培训前,灯光都要调试好。

很多培训主管在布置教室的时候,喜欢把窗帘拉上,目的是防止学员向窗外看,避免注意力不集中。但是封闭太严,让人感觉很压抑,最好开窗通风。

(4) 教室的温度

冬天时,教室空调的温度不要太高,否则室内空气不流通,学员容易昏昏欲睡；夏天时，温度不要太低，跟室外温度相差不要太大。一般夏天温度不低于 28 度，冬天温度不高于 26 度。

2. 课桌的摆放

（1）课桌的摆放形式

- 传统教学式。学员有桌椅，可以方便做笔记。
- 小组式。也称"小岛式"，将课桌摆放成几个小组。
- 圆桌式。桌子摆放成圆桌，学员围绕圆桌坐。
- U 形式。学员围绕 U 形桌坐在外面，前面的缺口摆放讲台。

（2）课桌摆放的原则和要求

课桌摆放的原则和要求要依据培训主题、培训方式、人数等而定，详见下表：

方式	适用主题	培训形式	人数	备注
传统教学式	知识型	讲授式 讲座式	50 人以上	公开课、讲座
小组式	技能型	训练式 研讨式	50 人以内	训练式课程居多
圆桌式	知识型	研讨式	30 人以内	会议居多
U 形桌	知识型	讲授式 研讨式	30 人以内	会议、讲座

3. 讲台的摆放

（1）讲台的位置

如果教室是长方形的，讲台就在窄的那一方，同时要注意门的位置，讲台最好不要在门旁边。门应该在教室的后面，这样，有人进出也不会影响教学。

(2) 讲桌

即正式演讲或者培训用的讲桌。培训师的电脑、资料、手表等可以放在讲桌上。讲桌的高度要合适，桌面要低于培训师的肩部，最好在腹部和胸部之间。太高了，学员看不到培训师；太低了，培训师要弯腰。

如果没有专门的讲桌，可以用课桌来代替。课桌作为讲桌用时，最好装饰一下，显得正式一点。用一般的课桌作为讲桌有些问题，因为没有任何遮挡的东西，培训师在台上的一切举止都展示在学员面前。因此，只有经验足的培训师可以选用，经验不够的最好还是用正式的讲桌。

讲桌要摆放在讲台的黄金分割点处。黄金分割点在哪里呢？不用去记数字，也不用在现场到处找尺子去量，其实黄金分割点就是接近讲台中间的位置，记住，只要不是在讲台正中间的位置就可以了。

另外，讲桌一定不要在投影仪的正前方，一定不要挡住投影仪的光线。

讲桌与课桌的距离是多远呢？这要根据教室的空间和人数，同时结合培训师的控场能力来定。具体要求是：培训师能自然地关注到每一个学员，能够控制住全场。

4. 投影仪的使用

投影仪的位置一般分为两类：固定式和移动式。

固定式投影仪就是在教室里已经固定好了投影仪，一般不可以移动，也没有多大必要移动。通常固定式投影仪都倒挂在天花板上。

移动式投影仪是讲课前临时安排的，通常放在课桌的前面，投影布要和投影仪保持合适的距离。摆放投影布时，要求在教室的所有座位上都能看到投影布。

投影仪一定要提前调试好。第一，要查看投影仪的光线。投影仪最重要的部分就是"灯"，使用久了的灯，光线比较黯淡，不仅内容显示不清楚，还会让人犯晕。第二，一定要连接到笔记本电脑上试一下，看看是否匹配。

有一次讲授"情境高尔夫"，头一天去酒店的会议室布置教室，我让酒店服务员拿投影仪来试一下，但是因为管理投影仪的人员已经下班，这个服务员说："今天白天有公司来培训，肯定没有问题的。"虽然有此承诺，但我还是担心，于是跟企业的培训主管说好，让他把自己的电脑带上，以防万一。结果第二天上课，我的电脑真的和投影仪不匹配，幸好有备用电脑，才没有影响授课。

因此，授课前一定要调试好电脑和投影仪。

5. 白板摆放位置

现在培训虽然有投影仪，但有些时候也需要白板，因为老师有时要书写。白板的高低要和培训师的身高相匹配，这样培训师不用使劲弯腰，也不需要跳起来写。高度是多少呢？白板的上沿和培训师站立时的头部高度一样就行了。

投影布、白板和讲台的位置：

- 白板和投影布最好分别位于讲台的两侧，比如投影仪在左边，白板最好就在右边。
- 白板和讲台最好靠近，这样避免培训师有太多不必要的走动。
- 如果投影仪在中间，讲桌和白板就分别放在投影仪两侧。
- 如果投影仪在一个边上，讲台和白板就在另一边。

四、培训过程管理

1. 培训师的物品准备

培训前，培训师要把自己的资料和物品准备好，不要遗漏，否则在培训过程中发现缺失就可能来不及了。很多经验不足的培训师遇到这些问题时会非常紧张，从而影响培训质量。

2. 主持人和助教的辅助工作

很多培训管理者不懂得如何主持,其实主持不仅对整个培训过程有着非常重要的作用,同时对培训师起着很重要的辅助作用。在培训过程中,常常有以下几种情况。

(1) 过度热闹

一个培训师朋友讲了他亲身经历的一件事。

有一次,我去讲课。主持人在台上热身,我在另外一个房间等候,不知道外面发生了什么事情。

然后培训助理来叫我,我站在会议室门口,这时门突然打开,教室里响起潮水般有节奏的掌声,过道两边站满了穿深色衣服的年轻人,拍着有节奏的掌声。我在几个同样身着深色西服的年轻人带领下,在众目睽睽之下,恍恍惚惚地由一班"铁甲卫士"护送上台(我感觉是被押送上台)。我接过麦克风,正要开始开场白,这时候,更疯狂的场面出现,台下的掌声不但没有停下来,反而更有节奏、更加整齐。刚才护送我的"铁甲卫士"居然开始在台上跳舞,领头的几个反复摆出"弯弓射大雕"的姿势。

我该怎么办?我是应该下来,等他们跳完舞再上台,还是加入进去跟他们一起疯狂?好像都不对。我只有傻愣愣地站在那里,尽量挤出微笑。但是慢慢地,我的微笑就僵硬了,我知道台下一定有很多眼睛在看我,精心准备的开场白已经完全用不上了。

这样的热闹场面非常多,很多培训师都经历过,但不知道有多少培训师会喜欢这样劲爆的场面。

如果说前面的护送上台还有点"明星"的感觉,当麦克风已经在培训师手里时,说明主角已经是培训师了,这时候的舞蹈就是抢风头。这不是在营造气氛,而是不懂得讲台上的规则。

(2) 过度简单

如果说前一种方式太过正式或者火暴的话,下面的方式就太不正式了。

第十章 | 坚实保障
培训管理的方法和工具

有一次给某公司讲"情境高尔夫",我正在教室后面,等待主持人宣布会场纪律,然后我再上台。没有想到,主持人上台后只是介绍了一下培训背景,还没有宣布会场纪律,就说"掌声欢迎段老师",直接让我上去了。我只好上台后再引导大家,宣布培训规则。

主持人首先要有准确的定位:今天你是主持人,不要抢风头。这也是职场规则,在什么位置,是什么身份,就说什么话。今天你是主角,你多讲;今天你是配角,你就少讲,不要抢镜头。在台上就要把最好的舞台给培训师,而不是主持人。

那么主持人应该做什么呢?

标准的主持人的流程:

- 问候大家,建立关系。
- 自我介绍,让大家知道你的身份,不要把你错当成主讲老师。
- 简单介绍一下培训背景,说明本次培训的重要性。
- 推崇老师,介绍老师的情况。
- 宣布纪律,介绍规则,以确保培训顺利进行。
- 引导掌声欢迎老师上台。
- 迎接老师,交麦克风,然后弯腰低调下台。

标准的模板(以"管理技能"为例):

- 问候大家:各位同事,大家上午好!欢迎大家参加"优秀管理者五项修炼"培训。
- 自我介绍:我叫×××,是今天培训的主持人。
- 背景介绍:为了让大家提升管理技能,成为优秀的管理者,公司特别安排了本次培训。
- 推崇老师:我们专门邀请了这个行业的专家×××老师为大家讲授。×××老师是……(介绍培训师的三个身份,最有特色的部分)
- 宣布纪律:为确保培训的顺利进行,我宣布一下培训纪律。第一,请大家将手机关机,或者调整到静音。场内不要接电话,有电话请去教室外面接。第二,场内请不要吸烟,吸烟的同事请在休息的时候去教室外面吸。第三，教室内请不要随意走动，请大家配合老师的安排。大家准备好了吗？

- 邀请老师：好，现在让我们用热烈的掌声欢迎×××老师……
- 向前几步，交麦克风，然后弯腰下台。

如果为了增加培训效果，主持人可以增加一个"破冰"的环节，如设计与主题相关的活动或游戏。以下几种情形，需要主持人破冰：第一种，主讲老师不会破冰。有些学院派或者年纪大的老师，他们更多用讲授的方式授课，所以不懂得破冰，这个时候需要主持人来破冰；第二种，大牌老师。有些大牌老师通常认为，破冰的事情是主持人或者一般培训师要做的，作为"大牌"，是不该亲自破冰的，这时就需要主持人来破冰。另外，就算主讲老师自己会破冰，作为主持人，最好也要先"破"一下。

破冰这个环节可放在背景介绍之后。

3. 关于培训管理的两个疑问

疑问1：培训师需要做一些培训辅助工作吗？

如果有人给你都做好了，那是最棒的。但现实是，很多工作需要自己做，尤其当你是企业内部兼职培训师的时候，也许还兼做培训管理的工作，这个时候就更要去做。如果你是职业培训师，也许有助理帮你做，但你也不要完全不管，最好还是参与其中，提供一些个人意见。

疑问2：培训管理对于培训课程有什么影响？如何做一个合格的培训管理？有没有成功的案例？

培训管理对培训影响巨大，决定培训效果的有三个方面的因素：第一，老师；第二，培训管理；第三，学员。作为一名培训师，跟全国各地的很多机构都有合作，有些培训机构很专业，培训管理做得很到位，有些培训机构就不够专业，没有做好培训管理的工作。格诺威"培训公司的秘密武器"——完整的培训管理，是我所见过最为规范的。其主要设计人就是格诺威的高级培训师、培训管理达人罗长江，附一是由其总结出来的精彩内容，以飨读者。

◆ 附一　助教如何做好培训现场管理——以SMTP课程为例

在培训机构多年，我与多位老师有过多次合作，尤其与张正顺老师（原三星中国总部培训总监）的合作最为愉快，每次的课程效果也最理想。张老师的课程注重知行合一，理论与实际能深入浅出相结合，现场互动研讨也很多，需要助教配合的程度高于一般课程，对助教的要求也更高，尤其体现在张老师最经典的注册版权课程——SMTP（Standard Management Training Program）系列上。一堂培训课程的成功与否，除了老师的水平、学员的投入、内容的匹配、精心的组织等因素外，很多时候助教的支持往往也起到不小的作用。下面以本系列课程对助教的期望为蓝本，对如何实施好一堂内训课程，尤其是如何做好课程的现场管理，提出一些具体的操作建议。本文主要从课前准备与课中配合来阐述助教如何做好培训现场管理。

1. 开课前的会场布置

（1）分组摆桌

①组数

有较多分组研讨的课程，推荐用岛屿式，除了听老师讲的内容，组内成员间智慧的火花也能带来很多启发。这类课程分组一般在6组以内，分组太多，上课时分享花的时间就太多，30多个人的，分5个组就行，40人左右的，可分6个组；如果人再多，就在组内加人，而不是另设其他组。SMTP课程以30~36人为标准班，超过50人的话，课程就较难操作了，对于老师，对于效果，都难以保证。

②空隙

组与组之间留有一定的空间，方便走动，尤其是需要经常来回穿梭递话筒的时候。

③座位朝向

以坐在任何一个位置都能自然地看到前面的投影布与讲师为原则，尽量避免被前面的学员挡住视线。

(2) 设备检查

①投影

带上笔记本电脑，接上投影仪，看有没有信号，投影是否正确；配合投影布调整，看是否需要调节梯形、大小、焦距、亮度、色彩、对比度、饱和度等，是否有阴影或重影，坐在会场后面看是否看得清文字、图片、视频。

②音频线

事先联系会场酒店时就应该询问是否有音频线，因为很多酒店经常忽视这个地方，尤其是较低档的会场，即使会场已经有，也最好再带上一支，这样讲师与助教的电脑都可以方便地放出音乐，而不需要来回切换。务必插上电脑，放首音乐试试，看是否有声音，声音大小及饱和度如何，是否有回音。

③话筒

至少两个手持无线话筒。如果学员较多，会场又较挤，那最好能提供三个无线话筒，讲师一个，另外两个助教（SMTP课程最好能配两名助教）一人一个，分别在不同的地方，方便及时回应。话筒电池提前备好。

④灯光

熟悉场内灯光的数目及控制开关，方便需要的时候及时操作。一般的投影在投文字时看得很清楚，投图像时开始变暗，投视频时就很难看清灰暗的部分，会一片黑色，这时候需要将附近的光线调暗一些才能看清楚。记住：千万别还没搞清楚控制开关就临时慌慌张张地关灯，如果关掉了连接投影电源的开关或总开关，那麻烦可大了。

⑤音控台的操作

酒店会场的服务人员不是一直会在旁边服务的，尤其是音控室里面的人员。他们不像酒店里普通的端茶倒水的服务员，一般人数较少，是技术工，经常兼顾不同地点的不同工作，所以，很难让他们一直待在一个音控室里只为一个会场服务，很多时候是出了问题才叫现场的服务员去叫这些技术人员过来，那会浪费很多时间（你可以直接记下这些技术人员的手机号，方便快速呼叫）。所以，你只能自己来熟悉，至少知道哪个按钮控制哪个设备或效果，比如总音量、无线话筒、有线话筒、电脑音频、DVD音频、混响、回音等。另外，一般来说，对于不是非常好的设备，电脑音频的音量开得大的时候，在不放音乐时会听到一直作响的刺耳的电流声，所以音量在不用的时间段要调小一点。

⑥白板

需要提供一块干净的白板，配上白板擦与大夹子，夹子用来夹大白纸。白板一分为二，两个面积区域，靠外面的用来计分，写上积分榜，画上表格，按组为单位来计分，一般采用写"正"字积分，可以用不同颜色来标记不同的得分点所得到的分数。白板靠讲师一侧的区域留空，供讲师使用。当然，如果能有两块白板最好，或在就近的墙上贴上学习成长园地，当作积分榜。另外，使用白板时还要注意反光对效果的影响，包括室内灯光与室外从窗户照进来的强烈自然光。

⑦横幅

看现场的情况找挂的位置，可前可后，可左可右，不要挂在被投影布遮住大面积的地方，不要挂偏或挂歪，务必要牢固。照相的时候，如果可能的话，要多照横幅（尤其是全景照）。

(3) 物品摆放

①讲义及笔

按全场一致的原则，每个座位都统一摆好学员讲义，将带去的签字笔放在讲义上，统一的朝向，统一的位置。很多酒店都会提供一支笔与一张带有酒店宣传信息的A4纸，可以让他们把纸留下，放在学员讲义的下面，而笔可以视情况使用，那种笔一般不太好用。

②桌牌

一般来说，培训不必每个人都做一个姓名牌，除非学员单位有约定俗成的要求。培训的桌子一般不大，上面放些讲义还很够用，只是再放上茶水、学员的包、手机及其他小物件，在分组讨论时还会放上一张大白纸，这样一来，桌子上的空间就很小了，不小心就可能碰翻茶水，搞得一片狼藉。因此，不必每个人都做一个桌牌，给每个组做一个即可，上面除了公司logo外，什么都不要写。再准备一支白板笔，用于让每个组写上组名与四个字的组口号，组名面对老师，口号面对组内学员。也有例外，如果学员来自不同的子公司，则每个人都要有桌牌，但制作得要小一些，大概10cm×5cm，以便相互熟悉。有些公司会让学员挂胸牌，很方便，但往往字太小，还经常挂得里外相反。

③老师的讲桌

一些老师喜欢竖状的标准讲桌，一些老师喜欢普通课桌。桌上放一本讲义、一张空A4纸、一个喝水的杯子。老师讲话多需要喝水，不选择喝茶，因为需要吐茶叶，麻烦；也不宜选择咖啡或含糖的饮料，因为这样说话时嘴里黏黏的。当然，有些老师不计较这些，不了解的情况下多与老师沟通。

④其他物品

在教室后面摆上一张桌子，是供助教工作用的，其他的物品摆在旁边。将大白纸剪成两半（A2大小），弄平放好，需要的时候可以快速发放。课堂要发的问卷测试表格或案例、作业等，用透明的文件袋分门别类装好放到桌面上。随时关注老师讲到了什么内容，预计快要发放这些文件时，提前分组放好，保证最快速度发放（如不确定，可提前询问老师）。再放一把椅子在较前面靠白板的位置，是给另一个助教坐的，随时可以帮老师改作业、计分、擦白板以及方便照相（照到学员的正面）。这个位置以及在位置上的活动不要成为场上的焦点，避免分散学员注意力。

2. 课程进行时的配合

（1）开课仪式

完整版的SMTP是10天的课程，为了体现出正式与重视，在第一次开课时，最好有开班典礼或开课仪式，20分钟以内，助教主持。整个流程大体是：主持人开场致辞，学员单位领导致辞，培训公司领导致辞，学员单位领导带领学员宣读学习誓词，主持人说明培训安排（时间、纪律、公约），最后介绍老师，再简单调动学员注意力，就可以正式上课了。

(2) 主持

主要是在每一次的早上与下午开课前的串场，每次都要有不同的花样与新内容或新形式，让学员总有期待，不产生审美疲劳。早上不宜太过，轻松的小活动，如手指操之类便可，或者就找一些与当天要讲的课程内容相关的哲理故事或幽默笑话，再引到课程内容上，最后将老师引出。不要太久、太复杂，5分钟之内为好。下午开场主持就需要花更多的心思了，要做些热身活动，带动大家，使情绪上来，有更多的精力投入到下午的课程中。原则上不能重复同样的活动，要保持学员的新鲜感和参与性。如果你有特殊的、吸引人的才艺，也可以根据课程节奏来适当展示。关于主持方面，没有固定内容，需要随时用一颗为客户服务的心去对待。

(3) 随时观察配合

有异常情况立马解决，有不合理的地方及时纠正，比如室内温度与光线的灵活调节，比如讲台地上各种布线的处理。现场随时与老师保持眼神交流，及时意会老师的需求并做出反应，且经常观察另外的助教有无需要配合的。现场抓拍、批改作业、刷新积分榜、擦白板、跑麦、记录学员发言主题及内容（回头写评估报告时用得到）等，灵活应对。这部分所占的时间是最多的，也是对助教的灵活与细心要求最高的。没有多少框框条条可套，以为课堂效果服务为目标权衡利弊。

(4) 跑麦的注意事项

①跑麦的目的

简单地说，就是为了让大家，尤其是老师，都能清楚听到发言学员的声音。若是学员本来就不多，加之会场并不大，地板也没有地毯之类的吸音的物品，再加上学员说话声音大、气场足，那就没必要再拿着话筒跑去给他，这个动作只会更多去干扰上课的节奏，分散注意力。

②跑麦的速度一定要快

要是学员发言已经到一半了，你才慢吞吞地从这个角落向东走10米，再向北走6米才到达发言人那里。正当人家很投入的时候，你愣是把一个话筒猛递到他前面，担心他太投入说话而没有看到话筒已经递过来，于是拿话筒用些力碰他的身体，然后把他的发言思路打乱……你可以想想这样做的后果是多么尴尬。

③话筒的开关

递过去的时候，把话筒的开关打开，收回来后及时关掉。有些助教收回话筒后忘记关掉开关，话筒触碰着他的手或者衣服，走一步，响一步，很是干扰。

④递话筒的礼仪

双手奉上，身体前倾，稍微点头示意，高度适中，让对方很方便地拿到。

⑤不要对着音箱

如果不是非常好的酒店的会场，那音响效果都不太理想，放大声一些，就会听到音箱里传来刺耳的啸叫声，而这种刺耳的电流声音在一种情况下最多，就是当话筒在靠近音箱又直接对着音箱的时候。如果发言的学员又不太懂如何拿话筒，用K歌的拿法，话筒与嘴巴离得很近，说话非常用力、大声，你可以想象电流声突然来的时候，全场人迅速用双手捂住双耳的情景。现场管理对培训效果的影响，很大程度上与音响效果有关，因为老师主要是以声音与大家交流。我们不能对客观的设备要求太多，有些东西改变不了，那只能在可改变的范围内多加注意。

⑥不要成为场上的焦点

递完话筒，就应该退到一旁，否则直愣愣地站在发言者旁边，会分散其他学员及老师的注意力，也会给正在发言的人以压力，尤其是当他长得不高，而你是个高大威猛帅气的小伙子的时候。另一个原因是，一般发言的时候都需要照相，尤其是比较重要的人物发言，这时都会以特写照为主，你站得那么近，回来一看，相片里除了发言人的脸，还有你的脸也很明显，这是不合适的。为了表示对别人的尊重，请退到一边。如果是在靠外侧的过道，就近靠墙就可以了；如果是在内侧的过道，就看情况而定，一般来说，能退到外面，速度快一些，也是可以的，有时候学员太多，退不到外侧，那就在发言的学员旁边就近蹲下，直到发言结束，你再站起来去接话筒。

⑦**女助教的高跟鞋**

女性穿着高跟鞋，看起来挺拔有精神，显得更加干练，这无可厚非。但有时候不太碰巧，会场的地板是木板或者瓷砖，没有铺上柔软的地毯，尖硬的高跟鞋鞋跟往上一跺，声音清脆，很有节奏感，在大家都安静、专心地听课的时候，就成为转移注意力的因素了。尤其是男性学员，通常会不能自己地条件反射般转过头探个究竟，老师也会因这声音及学员的扭头而影响授课思路。所以，这种情况下，女助教尽量少递话筒。

（5）拍照的注意事项

①**速度要快**

很多场景来得快去得也快，助教一定要随时反应，及时抓拍，甚至要预测接下来发生的可拍场景，提前准备。

②**相机要正**

相机要拿得稳稳当当，站直的时候与水平线垂直，避免歪歪斜斜，导致拍出来的相片过于"艺术"。

③**主拍正面**

在培训中，拍照者的空间没有那么大，也不可能每次都跑到发言者的正面去拍，但至少要拍侧面的，要能看得清、分辨得出照片里的人是谁、在做什么、有什么样的表情。尽量避免拍近景时拍人物的背面，除非有其他的解释与意义。

④**关掉闪光**

开着闪光会影响到培训。学员在认真听课，老师在投入讲解，一阵一阵的闪光不时包围整个教室，让人一惊一吓的，自然不能全情集中。如果光线不足，允许的情况下，就多开窗，或者开灯。有时是要故意营造黑夜的氛围，这时拍照不开闪光的话，自然相片上什么也看不到，而如果开了闪光，又会严重破坏这个营造的氛围，这个时候的处理是——放弃拍照。

⑤**多拍特写**

全景照、集体照固然重要,但这种相片来来回回就用那么几张,总是拍太多类似的相片是一种无意义的重复,多一些大方的个人或者局部特写会让人看了更有新鲜感。通过面部表情的固化与放大,达到让人看了忍俊不禁开怀大笑的效果,可以很好地活跃氛围。这类场景为:学员吃东西、打哈欠、伸懒腰、接手机、开小差、正在发言、咧嘴大笑、睡到流口水等。在之后的花絮回顾时,这类相片也最具杀伤力。特写相片可多关注学员里面的决策者。

⑥**避免模糊**

尤其是市面上的一些卡片机,在光线不足的环境下,拍正在运动着的人或物,拍出来的效果经常很模糊。一般可以从三个方面去修正:一是手执相机要正要稳,按下快门时手不能抖,如果相机有防抖功能,就将其打开。二是将自动模式改成半自动或全手动模式,将快门速度调得更小。这样牺牲了曝光量,相片一般会变得更暗,所以要再通过增加曝光补偿进行弥补。三是对焦对象的亮暗把握,对焦于较暗的对象,此区域合适了,其他原来较亮的部分就一片白,反之亦然。对焦的对象要根据具体环境来定,灵活权衡把握。培训拍照用的相机,务必要好。

⑦**元素取舍**

在对培训拍照时,不是拍进去的对象越多越好。正如前面说的多拍特写一样,在元素的选择上要敢于舍弃,多余的人头,多余的景物,没必要的、不利于表现此张相片主题的,不要放进来。从某种意义上说,删除的元素越多,相片的视觉度越高(视觉度是图片对人的视觉及情感冲击的程度,即印象)。

⑧**构图合理**

关于此部分及更多的拍照技巧,自己平时要多注意观察与学习。拍照是技术也是艺术,学问很深,尤其现在的傻瓜式相机很多,使用越来越方便,却是入门容易,深究极难。不要停止学习。

(6) 现场视频回顾

现场同时快速处理多个问题，这是对助教要求非常高的地方。（我曾经播放过7分钟的现场回顾：场景抓拍、传入电脑、导入软件、取舍相片、编辑优化、排列顺序、添加注解、配上音乐、制作视频、视频播放，就几分钟的时间，效率极高，效果很好。）我尝试过很多个工具软件，发现没有哪个工具比Picasa更适合于这里了。关于软件的学习，网上有很多教程，你可以下载下来自己摸索。而在素材（照片或录影）的采集与筛选及处理上，三言两语更是难以说清，更多的是与个人的艺术特质有关。只懂走程序、套模子，是不会把这种事情做得更漂亮的。

(7) 课程结束阶段

颁奖（或拍卖礼品），播放回顾视频，发资料（学习一日心得、培训作业），填写课程评估表，致谢，结束。

总结：认真可以把事情做对，用心才能把事情做好。

◆ 附二　新助教常犯的错误

- 精神不足，想睡觉，坐无坐相，站无站姿。
- 斜眼看客户与学员，与学员无交流。
- 姿态不对，不是服务者，而是老总。
- 脸上没笑容，苦瓜脸，见人不主动招呼。
- 思维机械，不会灵活应变，没有以结果导向做事。
- 现场跑步引起注意，成为焦点。
- 在现场睡着了。
- 经常玩手机，老盯着电脑。
- 课间放劲爆音乐，中午也不安静。
- 不熟悉的设备乱操作，不确定的安排瞎公告。
- 会场布置太相信酒店服务员或其他人员，一些设备没亲自调试过。
- 准备油性笔，以致白板擦不干净。

- 白板与老师讲桌的位置不合理。
- 老师讲课区域地上有很多杂乱的线，没有粘好。
- 助教台太乱，没有5S，需要发的资料找半天。
- 讲义标题写错，字号太大或太小，竖标题书名号中英文格式混淆。
- 讲义上还有老师自己的公司或者其他代理机构的logo与联系方式。
- 讲义色块太多，黑乎乎一片。
- 讲义字体被替换得很乱，却见而不处理。
- 忘记将物料带去现场或带回公司，如讲义、笔、大白纸、夹子、评估表。
- 忘记发评估表，或者搞丢评估表。
- 白板分数没及时刷新，不动态反映。
- 经常低头，没有发现老师及学员的服务需求。
- 有录像的时候长时间站在镜头前面。
- 递完话筒后站的位置不对。
- 上课走神，没有跟着老师的思路，不能及时准确记录老师要记录的信息。
- 没有备用思维，带的物料不够。
- 在学员看得到的地方小动作太多，抠手、抠耳、抓脸、抓头。
- 手机经常不接，尤其紧要时刻。
- 手机没电了也不考虑其他联系方式，没事前做好相应的预防工作。
- 多人做助教时，内部沟通不默契。
- 不注意用餐礼仪。
- 订机票经常出错，没提前与老师沟通确认信息。
- 没能及时退还房卡，导致多付半天房费。
- 对教学设备及办公软件操作不熟悉，现场遇到问题时解决时间过长。
- 经常上讲台，忽略了台上只能有一个焦点。
- 没有大局意识，早上来调试设备，在某一项上花时间太多，没照顾到其他。
- 课前与课间没有播放音乐，让现场冷清。
- 播放音乐时不熟悉音乐，没事先归好类。

- 订酒店没综合考虑各种细节因素。
- 与酒店音控台的操作人员处得不好,导致人家配合不给力。
- 声音设备出状况的时候音控室没有人,也打不开门,也没有留相关人员的手机号。
- 直接让学员看到电脑上的非教学操作。
- 刺耳电流声处理不及时。
- 没有给老师提行李,或只提了轻的行李。
- 没有留手机号给老师,需要的时候联系不上。
- 没有与老师约定第二天具体什么时间在哪里会合。
- 对线路的拥堵状况预测得很不准确,路上花时间过多。
- 在车上与司机谈话,忽略了老师;或者与老师聊过多的话题,没有考虑司机和其他人的感受;或者与老师聊得太久,耽误老师休息。
- 课堂激励性礼品没买好,以致学员吃得手脏嘴油,桌面狼藉。
- 文档管理很乱,没有章法,经常找不到相片或者评估报告。

◆ 附三　内训实施常用物料清单

日期:_____　老师:_____　课题:_____　地点:_____　助教:_____

物料(必要性递减)	数量	是否准备	备注
讲义			
老师课堂用的资料			
签字笔			
课程评估表			
白板笔(红、黑、蓝)			
相机			
大白纸			
A4纸			
横幅			

(续)

物料(必要性递减)	数量	是否准备	备注
大夹子（能夹白板）			
剪刀			
透明胶布			
双面胶			
老师名片			
代金币			
礼物（如书籍、光盘、零食等）			
客户介绍、名单			
当地简介			
激光笔			
气球			
其他：如音频线、电池、纸巾（干&湿）、润喉片、创可贴、胸麦、速溶咖啡、音影娱乐、公司介绍PPT、活动道具、证书等			

本章小结

1. 学习要点

掌握培训管理过程中的各个环节。

2. 课后作业

为课程实施设计一个完整的方案。

培训师21项技能修炼
精彩课堂呈现

第十一章 | 科 学 评 价
培训效果的评估方法

ADDIE 小贴士

　　ADDIE模式的最后一个环节E，就是培训评估，对整个培训过程进行全面的考核和评价，是确保效果非常重要的环节，也是业内公认的必备环节。需要注意的是，培训评估虽然位于本书最后一章，但并不意味这是最后做的事情。ADDIE认为：科学的培训评估从A（分析）开始，贯穿整个培训过程。也就是说，整个ADDIE的每个环节都应该有相应的评价，只不过并不是完全独立出来做。科学的培训评估是过程管理，而不是结果管理。作为培训师，要将评估思想贯穿始终。有了前期ADDI的评估，到了最后的E评估，顺理成章，培训效果自然OK。

培训评估是ADDIE模式的最后一个环节（E），就是对于整个培训进行一个全面的考核和评估，也是确保培训效果非常重要的环节。

一、关于培训满意度

每一位培训主管都深知组织一场培训的压力，担心老师讲得不好，害怕学员现场砸场子，更怕因此被老板炒鱿鱼。现实中，还真有培训主管因此丢了饭碗的。

每一家咨询培训机构的负责人，只要邀请老师，就能体会到其中的压力和风险。他们既要"讨好"老师，因为人家是"专家"，要靠专家来赚钱；同时又要"讨好"企业，因为是由企业付费，所以中介机构很辛苦，他们在幕后的付出是很多风光的培训师所不知道的。

我作为一个职业培训师，做过很多次满意度和课酬挂钩的培训。我非常理解和支持这种做法。因为就算没有这样的挂钩，一个培训师也应该对自己的职业有敬畏之心。千万不要忽悠，你可以玩一些技巧忽悠一些外行，但是不能欺骗你自己。你自己有几斤几两要心里有数，不要以为人家叫你"老师"，就真把自己当老师了。

培训课酬应该和培训满意度挂钩，是正确的，也是必需的，原因有以下四个方面。

第一，培训是商业行为，当然应该根据效果支付相应的报酬。培训师和学员既是师生关系，也是甲方乙方的关系。学员有没有资格评价老师？当然有。

第二，对于培训师来说，"没有金刚钻，就别揽瓷器活"。培训师在接受授课邀请时要掂量一下自己。当然，对于那些每天课程都已排满，没有时间在培训前做咨询和诊断的讲师来说，是有些风险；而通过这样的挂钩，既可以在培训前，促使培训师对学员多进行了解，掌握真实情况，培训师在培训后也可以根据学员满意度来找到自己的不足，提升自己。因此，每次培训都是培训师成长的一个契机。培训师既然是"终生学习，不断提升"的倡导者，更应该是身体力行者。

第三，对培训机构来说，这样挂钩可以规范培训机构的行为，提高他们接受课程和邀请老师的专业度。培训机构既要真正了解和考察培训师的水平，同时也要配合老师对受训的企业和学员做些诊断和了解，避免培训机构成为单纯的中介机构，成为不在乎口碑和长期合作的"游击队机构"，而转变成为真正的专业机构——"正规军"。

第四，对于企业的培训主管来说，这有利于促进培训主管提高专业水准，使其更有责任感，避免借此推卸责任，把学员对课程不满意的责任推到培训师身上。实际上，培训主管的压力很大，企业支付了费用，尤其是这么多员工放弃工作来参加培训，如果效果不好，作为培训主管是很难交差的。真正让培训主管不满意的，其实还是培训师的授课水平。所以，培训主管真正关心的是培训质量。

二、培训评估的常见误区

培训评估是指培训结束后，对培训项目进行的评价和考核。

培训评估是培训项目的重要一步，但是目前对于评估存在很多误区。

1. 没有评估

认为培训就是培训，不需要评估，评估是劳民伤财的事情。不过这种观点已经很少了，现在的情况是，对培训进行评估已经成为惯例，无论采用哪种评估方式，至少大家已经在采用了。

2. 错误评估

目前错误的评估主要体现在过分注重现场氛围，好像现场氛围越好，培训效果就越好。因此，很多的培训评估是看"三声"——笑声、掌声、哭声——这三声越强，效果就越好。

在这种思想的影响下，很多机构或者老师非常注重现场氛围，绞尽脑汁搞些新花样，尽量营造"良好"的氛围，结果很多时候舍本逐末。

三、柯氏四级评估

那么，公认的评估体系是什么？下面介绍一下备受争议又风靡全球的柯氏四级评估系统。

柯氏四级评估系统是由美国著名的培训专家柯克帕特里克创立的，从20世纪60年代开始，他一直致力于培训评估的研究和推广工作。后来他的儿子也加入其中，父子俩对于培训评估做出了巨大贡献。

尽管目前国内外对于柯氏四级评估系统有着不同的看法，甚至有人认为四级评估是完全没用的，但是不管怎么说，四级评估系统为培训评估提供了一种思路和操作流程。

跟任何工具一样，柯氏四级评估系统并不是完美的，机械地盲目运用肯定会带来负面效果，这也许不是工具本身的问题，而是运用的问题，因此应当借鉴四级评估的思路，适当改变，为己所用。

1. 第一级：反应评估

反应评估就是看参加培训的学员对此次培训的反应，也叫"满意度评估"。目前国内的培训基本上都是这种评估，甚至当说到培训评估的时候，人们就会认为指的是反应评估。其实反应评估只是培训评估的第一级。聊胜于无，有评估总比没有好，因此，反应评估是应该做的。

反应评估的评估者是参加培训的学员，学员对整个培训做出评估。评估的内容包括培训师、培训内容、培训组织等，这样的评估有助于被评估者改善今后的工作。

有意思的是，由于人们现在非常看重反应评估，甚至把反应评估当成唯一的衡量手段，一些企业仅仅以此作为支付培训费用的依据。

设计反应评估的指导原则：

❶**确定评估的内容**。影响培训质量的因素很多，这些因素也是能给学员带来"反应"的因素，因此在设计反应评估的时候，要确定评估哪些内容。通常反应评估包括培训师、培训内容、培训主管的组织工作和后勤保障、培训场地等方面。

❷**设计表格量化评估**。反应评估所反映的内容通常是感性的，感性的评估是不稳定的，也是缺乏持久性的。因此，设计表格的时候需要量化。

❸**现场评估**。现场评估，目的就是对现场进行评估，因此要及时进行，当培训内容全部完成的时候就要进行评估。如果让学员离开培训现场再去填写，回收率就会很低，从而失去评估意义。如果有颁奖环节，评估应该在颁奖之前，颁奖作为最后的环节。

❹**鼓励学员积极参与**。设计评估表时，要让学员知道培训的目的，鼓励他们积极配合，同时要在表格中设计让学员直接书写自己建议和想法的环节。鼓励学员参与的方法之一就是设置合适的评估时间，评估时间太长，学员会失去兴趣，一般的反应评估要在10分钟之内完成。鼓励学员积极参与、真诚发表自己意见的方法之二就是匿名评估，这样学员不会有顾虑。

❺**内容包括开放性问题和封闭性问题**。评估表格要设计封闭性问题和开放性问题。封闭性问题花的时间短，也便于统计，因此内容可以多一点。开放性问题所花时间长，也不便于统计，因此问题不要太多，不要超过5个。

❻**评估结果便于运用**。在设计评估表的时候，要注意评估表的实用性，首先要确保便于统计，其次能够从评估中得到一些结论，这样的结论有助于改善今后的培训工作。

2. 第二级：学习评估

学习评估是培训结束后，对学员掌握的学习情况进行评估。如果说反应评估是参加的学员对于培训师和培训主管的评估，那么学习评估刚好相反，是培训师和培训主管对学员的评估。

培训师传授的内容分为三个方面：知识、态度和技能。培训评估就是评估学员参加培训后，在知识上是否有扩充，态度上是否发生了转变，以及技能上是否得到了提升。

学习评估就是对知识和态度的评估，后面要讲到的三级评估——行为评估，则是对技能进行评估。知识方面的评估指是否掌握了培训中所传授的知识，以及掌握的情况；态度评估是指培训后态度是否发生了相应的转变。

设计学习评估的原则：

❶**确定要评估的内容**。首先要选择好考核的内容。每次培训包含的内容很多，要将每个部分进行评估是不大可能的，因此只能选择一些重点内容进行考核。考核的内容包括两个方面：一是知识，二是态度。通常在学习评估中，知识方面的评估占的比重要大些。

❷**保证评估题型多样性**。与反应评估相似，学习评估也包括封闭性问题和开放性问题，所不同的是，学习评估的考核形式更为丰富。通常学习评估的考题形式分为：填空题（主要是知识类）、判断题（主要是态度类）、选择题、问答题和论述题，以及案例分析题等。

❸**最好有比较**。比较培训的差距是衡量培训效果的重要手段。比较的方式有两种：

第一种：培训前后的比较，也可以称为"纵向比较"。就是对培训前后的变化情况进行评估。知识类的评估是对培训前和培训后学员的知识进行对比，找到变化。与培训前相比，如果培训后掌握了相应的知识，那么就说明培训是有效的。态度类是评估培训前后对某些事物的态度、看法是否发生转变，转变越大，说明培训效果越好。技能类需要对培训前后的某些技能进行对比，看看能否得到提升。

第二种：培训过与没有培训过的比较，也称"横向比较"。就是将培训过的人与没有培训过的人进行对比，看看到底培训有没有效果。同样的考题，让参加培训的人和没有参加培训的人共同来答题，从考核结果看差距。如果参加培训的人得分普遍比没有参加培训的高，说明培训的效果好。

通过比较的方式考核评估效果，操作起来有些难度，这会占用培训组织者和受训人很多时间和精力，通常大多数企业都做不到。

④评估结果要有实用性。如果说反应评估是用来衡量授课老师和组织者的工作成果，学习评估则是掌握受训者的具体情况，为下一步的培训工作提供重要的一手资料。因此，在设计内容的时候，要考虑到评估结果的实用性。

这个评估结果会对学员产生一定的影响。如果学习评估是为了走形式，其结果对学员没有任何利害关系的话，那么学员参与的积极性就会受到影响。相反，如果评估结果能给学员带来直接利益的话，不仅会激发学员对评估的参与性，还能使学员对培训过程更加重视。

我曾经给一家著名的上市公司做过多次培训，这家公司对培训评估非常重视。在培训结束的时候，要进行反应评估，让学员对老师的授课进行打分，根据打分的情况给予老师相应的课酬——高于85分给全部费用，80分给90%的费用，70分给80%的费用，60分给70%的费用，50分给60%的费用，低于50分就不给费用。

同时他们对二级评估也很重视，参加培训的学员经过二级评估，成绩在前5名的，基本工资增加200元，这是"基本工资"而不是"奖金"，此外还有其他的奖励。因此学员非常积极，不仅培训过程中很积极，而且在培训后的二级评估中非常认真，想方设法找我要评估内容。但是像这样严格做到二级评估的企业不多。

很多企业连二级评估都没有做到，做三级评估就更难了。

3. 第三级：行为评估

所谓行为评估，就是评估学员在培训前后，行为是否发生了转变。转变越大，培训越成功；如果没有转变，说明培训是失败的。人们常常说的"会上激动，会后不动"，就是指行为没有发生转变。

行为评估很难做到，为什么呢？首先这需要花费培训师、培训组织者和受训学员大量的时间和精力。尤其是受训学员，因为培训后他们还有自己的本职工作，上班本来就很辛苦，还要来什么行为评估，所以他们一向反感。其次，就算老师愿意，培训主管支持，受训学员配合，三级评估也很难做到，为什么呢？人是生活和工作在某一个具体环境中的，是受到环境和上下级影响的。假如一个学员参加了"高效沟通"的培训，掌握了双向沟通的原则和技巧，回到单位，想实施双向沟通，也许对下属有用，但是当面对自己上司的时候，虽然自己想双向，可上司依然单向沟通，因此其"双向沟通"技能到底掌握没有呢？这是四级评估理论遭人诟病的地方，连三级都很难做到，何况四级？

那么，三级评估到底能不能做到呢？是可以做到的，但是要注意以下几点：

①**培训的系统性**。只有系统的培训才可以实施三级评估，单一的某次培训是无法做到的。就像上面高效沟通的案例，如果所有员工都参加了"高效沟通"的培训，都掌握、懂得了"双向沟通"，那么这个时候是可以实施三级评估的。

②**良好的培训和学习文化**。如果一家企业有着良好的培训和学习文化，上到董事长，下到基层员工都愿意学习和改变，同时形成了良好的培训习惯，把学习当成工作的重要一部分，那么三级甚至四级评估都可以做到。

我曾经给一家著名超市连锁企业讲授"情境高尔夫——向下管理"，以董事长为首的公司高层都参加，而且董事长在培训中带头学习，主动关闭手机，课程中积极配合，课后的总结中带头向在座的高管提出了行动要求。此外，他们商学院的负责人根据行动要求制订了相应的计划，因此得到了很好的执行和贯彻。

③**系统地组织培训**。如果前面两个条件不能满足，培训师只能在培训的实施中下功夫。要建立培训前、培训中和培训后完整结合的培训流程，

这样才能真正实施行为评估。因为，想要采用前后比较的方式评估，就要求在培训前对学员的具体情况有所了解，这样培训后才能对比。行为评估是在培训结束后进行的，如果培训只在乎现场的效果，以为培训结束就万事大吉，就很难进行行为评估了。因此，培训应该是"前中后"的完美结合。

4. 第四级：结果评估

结果评估，就是实施培训后，评估这项培训给企业带来多少价值，也可以理解为"投资回报率"，这是四级评估中最难也最不被人接受的地方。

为什么最难呢？因为培训本身具有几个特点。第一，培训效果的延迟性。培训更多是短时间内一次性完成的，就算培训现场效果再好，其真正的实际效果显现还需要时间，不能立竿见影。比如，讲授的是"销售技巧"，尽管学员在现场学到了很多东西，但是要回到实际工作中运用，必然要经过一段时间。第二，培训仅仅是整个管理工作的一部分。决定整个企业状况的不能仅仅只靠培训，培训只能承担培训本身的责任，其他的工作培训是不能取代的。就算培训做好了，但是其他地方没有做好，也对培训的实际效果带来很大的影响，这时仅仅对培训的结果进行评估，是不科学的。

比如，"销售技巧"课程的目的是帮助学员提高销售技巧，最终提高销售额。那么决定销售额的因素有哪些呢？按照传统的4P理论，决定销售额的至少包括产品本身、产品价格、销售渠道和促销手段，四个因素缺一不可。而"销售技巧"课程更多属于促销手段，就算销售技巧提高了，如果其他几项没有做好，单靠这项很难完成销售额。

因此，不要轻易承诺做到四级评估。做不到的就不要承诺，这也是信守承诺的一部分。

四、关于培训评估的工具

工具1:培训效果评估表(一级)

工具模板

运用范围:所有培训

目的:了解培训效果

适用对象:培训师、培训主管、学员

评估内容:

课程名称:_____ 培训日期:_____ 培训地点:_____

培训师姓名:_____ 受训者姓名:_____

请就下面每一项进行评价,并在相对应的分数上打"√"

培训效果评估表

• 课程内容	很差	一般	良好	很好
课程适合我的工作和个人发展需要	5	6 7	8	9 10
课程内容深度适中、易于理解	5	6 7	8	9 10
课程内容切合实际、便于应用	5	6 7	8	9 10
• 培训师	很差	一般	良好	很好
培训师有充分的准备	5	6 7	8	9 10
培训师表达清楚、态度友善	5	6 7	8	9 10
培训师对培训内容有独特、精辟见解	5	6 7	8	9 10
培训师对进度与现场气氛把握很好	5	6 7	8	9 10
培训方式生动多样、鼓励参与	5	6 7	8	9 10

(续)

- 参加此次培训的收获有（可多选）：

获得了适用的新知识

获得了新的管理观念

理顺了过去工作中的一些模糊概念

获得了可以在工作上应用的一些有效的技巧或技术

促进客观地观察自己以及自己的工作，帮助对过去的工作进行总结与思考

其他（请填写）：_____

- 对本人工作上的帮助程度：A.较小　B.普通　C.有效　D.非常有效

- 整体上，您对这次课程的满意程度是：A.不满　B.普通　C.满意　D.非常满意

您给予这次培训的总评分是（以10分计）：_____

- 其他建议或培训需求：

_____

说明：

1.请如实填写，并在填妥后及时交人力资源部。

2.请给予真实的评估意见，以帮助我们对培训课程等进行改进。

工具2：学员培训行动计划表

工具模板

运用范围：所有培训

目的：学员培训后的行动跟踪

适用对象：培训学员、培训主管

培训主题：_____　受培训者姓名：_____　填写日期：_____

请将此表认真填写完成后交主管审阅、指导，并于培训完成后第三天交人力资源部培训主管存档（本表格一式三份，主管领导、人力资源部、学员本人各一份）。

学员培训行动计划表

通过培训，我的研习心得	
本次培训学到的主要内容	
我学到的核心内容	
给我印象最深的一句话	
我的行动方案（计划）		
过去做得不足或需要加强的地方	行动内容（措施）	执行（完成）日期

说明：该表可以用于培训后的三级评估。

本章小结

1. 学习要点

掌握柯氏四级评估方法。

2. 课后作业

为某个课程设计评估表，包括一级和二级评估。

后 记
献给有着鹰隼特质的培训师

编撰本书，缘于10年前我有幸加入的一个培训师的系统训练计划——鹰隼计划；

编撰本书，缘于我当初的一个梦想：将这个计划引入中国，扎根本土，培养更多的卓越培训师；

编撰本书，也缘于越来越激烈的市场环境，竞争倒逼成长。

市场上各种大师、大牌、第一人、创始人不断涌现，各种概念、活动、事件层出不穷、各种学院派、实战派、海归派，甚至很多娱乐界的"大腕"都进入培训行业。面对这一时刻，身处这个浪潮中的培训师们，未来该何去何从？如何在雾霾中闻出希望的味道？如何在激烈的竞争中获得一席之地？如何在残酷的现实中笑傲苍穹？

这就需要鹰隼的特质！

鹰，百禽之王；隼，鹰中之王。鹰隼，就是王中王。

仔细看看，你会发现，同为"空中飞人"的培训师和鹰隼颇为相似：高瞻远瞩、独立作战、明察秋毫、行动迅速。早在20世纪60年代，北美就诞生了系统培养培训师的计划——鹰隼计划，率先提出培训系统的概念，并设计出一套完整的培训系统，为整个培训行业开发出规范的体系，包括理论体系、操作流程、实施方法和工具，培养了大批卓越的培训师。目前活跃在全球的各个培训流派，在他们身上，或多或少都能看到这个系统的影子。培训行业中言必称"系统"，称系统必称"鹰隼"。

这套训练计划在20世纪90年代进入中国，培养了第一批培训师，至今很多培训师仍活跃在行业的一线。

只是，当时这个系统组织严密，门槛很高，外界的人很难深入进去，颇有神秘色彩，也存在一些争议和误解，以致最后撤出了中国。

鉴于此，我们在引进这个系统时，结合国内具体的行业特点，做了一些调整和改良，以期更适合中国国情。

鹰隼计划并不是一个简单的培训项目，也更不同于其他各种类型的培训师训练班，这是一个完整的训练计划：

从横向上看，依据不同的职业定位，分为三种类型——企业内训师成长计划、职业培训师成长计划、培训（导师）管理者成长计划。

从纵向上看，依据培训技能和培训模式，为讲授—训练—教练三个环节设计九个阶段的内容，每一阶有三段，简称"三阶九段"。包括：第一阶"雏鹰出巢"，夯实基础，掌握最基本的课程开发和授课技巧；第二阶"雄鹰展翅"，开发具有竞争优势的专长课程和培训模式，并设计成长路径；第三阶"金鹰翱翔"，开发具有知识产权的版权课程，真正拥有核心竞争力，获得持续发展。

从组织上看，按照组织的核心作用，将整个计划分为三层：外围层叫"鹰隼大队"，包括全国各地的研发机构、培训机构、高校专家、专业网站、培训师的各种联盟组织（俱乐部、联谊会、沙龙）、出版社、专业杂志、电视栏目、讲师经纪等培训行业的相关组织；中间层叫"鹰隼部落"，由经过选拔考核的培训技术的研发机构、有突出专长的培训专家、有发展前景的培训师、资深讲师经纪组成；核心层叫"部落长老"，也就是鹰隼计划的管理中心，由鹰隼部落的核心成员组成，负责鹰隼计划的整体设计和、管理和规划。

本书就是鹰隼计划的重要组成部分，是鹰隼计划的基础教材。

"专业为本，技术至上，内容为王"，如果培训师想要持续发展，必须掌握最基本的培训技术，包括两个方面——课程开发和课堂呈现。尤其是在讲授这个阶段，这两项内容是培训师必须掌握的，也是目前很多培训师

后 记

所欠缺的。除此之外，鹰隼计划的第二阶段——培训师的核心技能培养，也是以课程开发和现场培训为基础的。

《培训师的21项技能修炼》作为一本比较全面的工具书，是从模块的角度进行阐述；升级版则是按照国际通用的ADDIE课程设计与开发模型进行阐述，并分为上下两册。这样更加具有系统性和连贯性，操作性也更强，是鹰隼计划第一阶段的教材。

与升级版同时出版的《培训师的差异化策略》，为培训师设计发展战略，是第二阶段使用的书籍。两个阶段的书结合在一起，培训技术加上发展战略，共同为培训师的发展提供全面支持。

在此基础上，下一步将出版有关培训师核心竞争力的专著，主要内容是开发具有知识产权的版权课程，为鹰隼计划第三阶段服务。

鹰隼计划是一个开放的、长期的、持续发展的系统方案，虽然在国外有着成熟的模式，但在国内需要结合具体情境，不断更新和完善，期待各位有着鹰隼特质的伙伴加入，共同为中国的培训事业而努力！

鹰隼计划的推行和《培训师的21项技能修炼》（包括升级版）的出版，得到了各界朋友的支持和关怀。

感谢北京大学、清华大学、暨南大学、重庆大学、培训技术研究院以及其他高校研发专家及各地的合作机构，你们的合作给鹰隼计划增加了学术厚度，为鹰隼计划的持续发展提供了雄厚的技术支持，也为本书提供了重要的专业支持。

感谢三星、联想、华为、工商银行、农业银行、华润集团、恒大地产、中国移动、中国联通、电信、电力等全国各地的上百家企业客户，尤其是培训中的学员朋友们，你们的积极参与为本书提供了重要的灵感和内容来源。我说过：书的内容是你们创作的，我只不过是整理和归纳。

感谢格诺威的所有同事、我的经纪团队，以及培训过程中的各位助教，感谢你们的大力支持和全力配合，为我提供良好的环境，让我专注于课程的讲授和培训技术的研究开发。

最重要的感谢要送给我的家人，你们的支持是我奋斗的力量来源。无论我身在何方，家是永远的归宿。

最后,欢迎有着鹰隼特质,有着远大追求,愿意推动中国培训事业发展的伙伴们加入鹰隼计划,大家共同努力,一起奋斗!

海阔凭鱼跃,天高任"鹰"飞!

鹰隼培训师:天之骄子,你的世界是整个天空!

参考文献

[1] 艾森·拉塞尔. 麦肯锡方法 [M]. 赵睿, 等译. 北京: 华夏出版社, 2001.

[2] 芭芭拉·明托. 金字塔原理 [M]. 汪洱, 高愉, 译. 北京: 南海出版社, 2010.

[3] 彼得·德鲁克. 卓有成效的管理者 [M]. 许是祥, 译. 北京: 机械工业出版社, 2005.

[4] 布鲁斯·克莱特. 终极培训班手册 [M]. 何雪, 译. 北京: 企业管理出版社, 2008.

[5] 戴维·泰勒. 赤裸裸的领导 [M]. 张允, 等译. 北京: 中信出版社, 2003.

[6] 多罗茜·利兹. 口才 [M]. 曾献, 等译. 北京: 民主与建设出版社, 2004.

[7] 弗里兹·李曼. 直面内心的恐惧 [M]. 杨梦茹, 译. 太原: 山西人民出版社, 2007.

[8] 弗洛伦斯·妮蒂雅. 性格解析 [M]. 江雅苓, 译. 北京: 经济日报出版社, 2002.

[9] 何明渊. 管理的智慧 [M]. 北京: 金城出版社, 2010.

[10] 亨利·明茨伯格. 管理工作的本质 [M]. 方梅萍, 译. 北京: 中国人民大学出版社, 2007.

[11] 霍根. 领导人格与组织命运 [M]. 邹智敏, 译. 北京: 中国轻工业出版社, 2009.

[12] 基恩·泽拉兹尼. 用演示说话 [M]. 马振啥, 马洪德, 译. 北京: 清华大学出版社, 2008.

[13] 杰克·菲利普斯. 如何评估培训效果 [M]. 张少林, 李元明, 李洁, 译. 北京: 北京大学出版社, 2007.

[14] 杰克·特劳特. 与众不同 [M]. 火华强, 译. 北京: 机械工业出版社, 2009.

[15]杰瑞·魏斯曼.说服[M].陈亮,刘超,左科华,译.北京:科学出版社,2005.

[16]卡尔弗特·马克汉姆.顶级咨询[M].夏光,陆珍珍,译.北京:中国铁道出版社,2006.

[17]劳拉·惠特沃斯,亨利·希姆塞-豪斯,菲尔·桑达尔.交互式教练[M].笪鸿安,译.北京:中国人民大学出版社,2006.

[18]勒尔·兹加米等.领导力[M].孙永华.上海:上海锦绣文章出版,2009.

[19]理查德·斯旺森,埃尔伍德·霍尔顿三世.人力资源开发效果评估[M].陶娟,译.中国人民大学出版社,2008.

[20]莉莲·怀尔德.当众讲话的艺术[M].刘月,译.北京:新华出版社,2003.

[21]林鸿.普通话语音与发音[M].杭州:浙江大学出版社,2005.

[22]刘建军.领导学原理[M].上海:复旦大学出版社,2009.

[23]罗伯特·罗恩.积极性格图解[M].李东晔,于芳,吕卓红,译.成都:四川大学出版社,2003.

[24]彭剑锋.人力资源管理概论[M].上海:复旦大学出版社,2009.

[25]赛宾·登博夫斯基,等.做最好的培训师[M].徐小丹,译.北京:东方出版社,2008.

[26]史蒂芬·丹宁.故事的领导力[M].宋强,译.北京:中国人民大学出版社,2009.

[27]史蒂芬·柯维.高效能人士的七个习惯[M].王亦兵,等译.北京:中国青年出版社,2006.

[28]苏东水.管理心理学[M].上海:复旦大学出版社,2008.

[29]苏平.培训师成长手册[M].西安:西安交通大学出版社,2010.

[30]唐纳德·柯克帕特里克.如何做好培训评估:柯氏四级评估法[M].奚卫华,译.北京:机械工业出版社,2007.

[31]威廉·A.科恩.成功咨询全攻略[M].张义,译.北京:中国社会科学出版社,2008.

[32] 沃伦·本尼斯. 成为领导者 [M]. 姜文波, 译. 北京: 中国人民大学出版社, 2008.

[33] 亚伦·皮斯. 身体语言密码 [M]. 王甜甜, 黄佼, 译. 北京: 中国城市出版社, 2007.

[34] 杨思卓. 金牌职业: 职业培训师的八项修炼 [M]. 北京: 北京大学出版社, 2008.

[35] 英格丽·张. 你的形象价值百万 [M]. 北京: 中国青年出版社, 2005.

[36] 余世维. 经理人常犯的11种错误 [M]. 广州: 广东经济出版社, 2010.

[37] 约翰·哈斯林. 演讲力 [M]. 马昕, 译. 北京: 世界图书出版公司, 2010.

[38] 詹·卡尔森. 关键时刻 [M]. 韩卉, 虞文军, 译. 北京: 中国人民大学出版社, 2010.

[39] 张志, 刘俊, 包翔编著. 说服力: 让你的PPT会说话 [M]. 北京: 人民邮电出版社, 2010.